DES

COLONIES SUCRIÈRES

ET DES

Sucreries indigènes,

Par M. Thém. Lestiboudois.

LILLE,

IMPRIMERIE DE L. DANEL, GRANDE PLACE.

1839.

Lk9 394

L

DES

COLONIES SUCRIÈRES

ET DES

SUCRERIES INDIGÈNES,

Par M. Thém. Lestiboudois.

MÉMOIRE LU A LA SOCIÉTÉ ROYALE DES SCIENCES,
DE L'AGRICULTURE ET DES ARTS DE LILLE,
ET INSÉRÉ DANS LE RECUEIL
DES TRAVAUX DE CETTE
SOCIÉTÉ.

LILLE,

IMPRIMERIE DE L. DANEL.

1839.

DES

COLONIES SUCRIÈRES

ET DES

SUCRERIES INDIGÈNES.

I.

DES QUESTIONS A RÉSOUDRE.

Les colonies sucrières semblent éprouver une grande gêne, en raison de l'abaissement des prix des sucres. Cet abaissement est attribué en grande partie à la surabondance des produits qui encombrent notre marché, cet encombrement à l'excès de production, et l'excès de production est dû, au dire de nos colons, à l'extension incessamment croissante des sucreries indigènes.

Aussitôt, et sans plus s'informer, les intérêts coloniaux s'alarment; leurs réclamations n'ont ni relâche ni limites; à elles se joignent les plaintes du commerce maritime, qui se croit anéanti si les colonies périssent ou si seulement elles souffrent; il se déclare compromis si nos relations avec les Antilles éprouvent la moindre altération; il fait intervenir, de vive force, les intérêts manufacturiers et agricoles, menacés de pertes immenses, si les expéditions des ports ne sont plus les mêmes; enfin tous s'unissent pour annoncer que, si nos transports maritimes diminuent, la marine de l'état est perdue, avec la marine son honneur, son indépendance, son influence extérieure.

Ainsi, les intérêts politiques sont appelés en aide des intérêts commerciaux, et c'est avec raison, car tout se tient dans les questions gouvernementales. Engagées pour des faits qui paraissent minimes, elles prennent tout-à-coup une immense étendue : il s'agissait du prix de quelques denrées de luxe, et, tout à l'instant, surgissent des difficultés qui intéressent la prospérité actuelle et l'avenir du pays.

S'il en est ainsi, nous devons prendre les questions telles qu'on nous les présente; nous ne devons pas refuser le terrain que l'on nous offre, et nous ne le refuserons pas ; mais, en l'acceptant, nous voulons l'éclairer et le déblayer, car nous voulons un combat loyal et sans surprise.

Nous voulons analyser les questions qui viennent à nous, avec impartialité, mais avec rigueur : nous ne recevrons pas des assertions pour des faits, des prétentions pour des intérêts légitimes, des retours routiniers vers le passé pour des conditions d'avenir, des regrets pour des possibilités.

Nous voyons deux grandes industries en présence ; nous entendons l'une qui a pris l'offensive, position toujours avantageuse, avancer sans retenue qu'il faut tuer l'autre; n'accepter aucun sacrifice et ne voir son salut que dans la ruine de son antagoniste; ne vouloir admettre aucune diminution dans la prospérité que lui ont créée quelques circonstances heureuses ; demander la destruction immédiate, complète, éternelle de sa rivale, et ne pas souffrir qu'on sache si elle-même vivra demain. Nous entendons l'autre qui invoque la foi promise, qui demande la récompense des immenses efforts qu'elle a faits; qui excite l'intérêt par les bienfaits quelle répand sur la classe ouvrière, qui réclame protection pour les avantages dont elle dote la première de nos industries, l'industrie agricole, et qui annonce la réalisation de toutes les promesses qu'elle a faites, pour un prochain avenir. Dans un pareil conflit nous pensons qu'il faut mûrement réfléchir et opiniâtrément étudier. Avant de prendre une résolution pareille à celle qu'on sollicite, il faut s'efforcer de découvrir nettement quel est celui des deux intérêts qui a réellement pour la France le plus de valeur.

Études à faire.

Cette appréciation nous donnera la possibilité de faire sûrement un choix entre les deux industries rivales, si l'on persiste à dire qu'elles sont incompatibles et que l'une ne peut vivre qu'au prix de la mort de l'autre.

Mais, avant de prononcer le sacrifice de celle qui est inférieure, nous demanderons encore à l'étude sévère des faits s'il est bien vrai que la nécessité exige le sacrifice de l'une d'elles, si l'on ne pourrait les conserver simultanément, et, dans ce cas, nous chercherons à établir à quelle condition on peut les sauver; nous chercherons si l'une ou l'autre mérite une faveur, si l'une ou l'autre peut indemniser du sacrifice qu'on ferait pour elle; nous déterminerons dans quelle limite la faveur doit être accordée, le sacrifice consenti.

Pour arriver à de tels résultats il faut d'abord apprécier sans prévention ce que valent pour la France les colonies sucrières, ce que vaut la culture de la betterave; il faut savoir ce qu'elles valent aujourd'hui, ce qu'elles vaudront dans l'avenir.

Puis nous prendrons une conclusion qui découlera des faits que nous aurons examinés.

II.

IMPORTANCE ACTUELLE DES COLONIES SUCRIÈRES.

Causes de l'importance.

Nos colonies sucrières sont la Martinique, la Guadeloupe, Bourbon et la Guyane.

Leur population est de 360,171 individus.

Leur produit en sucre est estimé à 80,000,000 de kilogrammes.

Nous exportons aux colonies des marchandises dont la valeur est de 50,000,000 fr.

Ce commerce d'exportation et d'importation occupe 250 navires, montés par 3,000 marins, qui font deux voyages par an.

Tels sont les faits qu'on énonce et dont on s'empare pour prouver toute l'importance de nos colonies sucrières.

Caractère des colonies.

Nous sommes fort disposés à reconnaître toute l'importance que peuvent avoir nos établissements d'outre-mer; mais nous ne voulons pas qu'on l'exagère, et nous ne voulons pas qu'on attribue à la culture de la canne une valeur qui ne vient pas d'elle. Avant toute chose, il faut être juste, et nous le serons. En débutant, nous déclarons volontiers que nous reconnaissons que les colonies sont françaises, que les colons et nous sommes les enfants d'une même patrie; mais nous ne pouvons accepter complètement leurs prétentions, et si nous n'avons aucune envie de leur contester leur qualité, si nous sommes tout-à-fait disposés à les considérer comme compatriotes, quelque effort que nous fassions, il nous est difficile de prendre les fictions de la loi pour des réalités, et de considérer comme partie intégrante de la France des îles éloignées de nos côtes de près de 2,000 lieues; et, quand nous voyons en lutte deux intérêts reposant, à la vérité, tous deux sur le sol d'une même domination, mais l'un sur la terre de la vieille France et l'autre sur les lointaines Antilles, nous avouons que nous penchons pour le centre de notre nationalité, où tout respire le patriotisme et la liberté, où est la force, la gloire de l'état. Nous croyons, nous devons bien le dire, que le salut de la patrie est bien plus en nos mains que dans celles des habitants des Antilles; nous croyons que la France sera plus sûrement défendue au prix de nos richesses et de notre sang qu'au prix des sacrifices des colons.

Nature de leurs charges.

Les charges que nous supportons leur seraient imposées qu'elles ne seraient point aussi profitables au sol français que les nôtres, car, quoiqu'ils fassent, leur or ne serait point tout prêt à se répandre aussitôt que la patrie serait en danger, et eux-mêmes ne pourraient être debout sur nos frontières, devant les baïonnettes ennemies, quand l'invasion nous menacerait. Mais ces charges, ils ne les ont même pas : ils ne sont pas astreints au service militaire, et ne paient pas de contributions.

Service militaire.

Nous savons bien qu'ils forment une milice, comme nous formons une garde nationale ; mais ils ne sont pas tenus à donner exclusivement au pays les huit plus belles années de leur vie, de répandre leur sang pour lui, sur le sol natal comme dans les plus lointaines contrées; nous, nous allons mourir dans les colonies même, si la patrie l'ordonne.

Impôts.

Nous savons bien encore que les colons disent qu'ils sont soumis à l'impôt : ils disent vrai, quand ils annoncent qu'ils paient des contributions ; mais il faut ajouter que ces contributions sont exclusivement dépensées par eux et pour eux ; rien n'en revient à la mère-patrie, rien n'est prélevé pour l'utilité commune, rien pour le gouvernement général de l'état, rien pour la défense nationale. Loin de là, la métropole est forcée d'accorder aux colonies une subvention qui s'élève à 1,000,000; à la vérité, parmi les colonies sucrières, la Guyane seule prend part à cette somme. Mais elle n'est que le plus petit sacrifice fait par la France, qui est forcée de protéger, à ses frais, les blancs contre les esclaves, et nous verrons bientôt que les frais de protection ne sont pas peu considérables.

Il est donc bien établi que si les colons paient des contributions, c'est seulement pour leur utilité particulière, et que les colonies restent une charge pour la métropole. Jamais on n'a nié que les habitants des Antilles ne payassent des impôts, mais ils sont en tous points semblables aux contributions départementales et communales; encore les capitations des producteurs de sucre sont-elles transformées en un droit à la sortie du sucre, de sorte que c'est, en définitive, le consommateur national qui les acquitte.

Un emploi des impôts coloniaux.

Si nous avions oublié que les colons sont imposés, les démarches si actives des délégués des colonies nous eussent rappelé qu'il y a un budget colonial sur lequel ils perçoivent un traitement, traitement qui s'élève (1) à 40,000 fr. pour la Martinique, 45,000 fr. pour la Guadeloupe, 40,000 fr. pour Bourbon. Le chiffre de la somme employée à cette destination par la Guyane n'est pas indiqué au budget de 1839, parce que cette dépense, qui avait été jusque-là au compte de l'état, passe actuellement à celui de cette colonie, ainsi que cela se pratique relativement aux autres établissements coloniaux.

(1) Budget de 1839.

Il faut bien noter que les colonies sucrières ont seules des délégués, parce que seules, sans doute, elles ont à faire prévaloir un intérêt spécial sur un intérêt national, et il faut bien noter encore qu'outre leur traitement, les délégués ont à leur disposition des sommes considérables, savoir: 40,000 fr. donnés par la Martinique; 35,000 fr. par la Guadeloupe; 35,000 fr. par Bourbon; 7,000 fr. par la Guyane; cette dernière somme était même payée par le trésor français! On ne doit pas être étonné, après cela, que les colonies aient tant de voix puissantes à leur service. Il est juste de dire que le ministre de la marine a supprimé pour 1839 ces allocations, sorte de fonds secrets mis dans les mains des délégués, qui n'en devaient pas rendre compte, de sorte que pour l'année prochaine, si les colons ne trouvent un moyen indirect de faire passer des subsides à leurs défenseurs officieux, les fabricants de sucre indigène peuvent espérer d'avoir une guerre moins rude à soutenir, moins d'argumentations quotidiennes à réfuter, moins de préventions inexpugnables à combattre.

Nous venons de poser avec franchise et avec justice le caractère des colonies : elles sont françaises, nous le voulons bien, mais, quoi qu'on fasse, on n'arrivera jamais à les confondre dans un même amour avec la mère-patrie, a qui on a donné son avenir, sa fortune, sa vie, et que, par cela même, on défendra avec un courage désespéré.

Nécessité de ces préliminaires.

Ces considérations étaient nécessaires, car si on compare les intérêts des colons à des intérêts français d'une importance parfaitement égale, il est avéré que ces derniers doivent l'emporter; ils doivent être préférés à plus forte raison, s'ils ont une plus grande valeur.

Nous sommes conduits ainsi à apprécier la valeur des colonies. Nous devons surtout nous attacher à apprécier

Erreur relative à l'appréciation des colonies sucrières.

la valeur de nos établissements sucriers d'outre-mer ; car on a cherché toujours à exagérer la valeur totale des colonies, et, par une tactique habile, on s'est efforcé de rapporter uniquement à la production du sucre tous les avantages coloniaux, comme si nos îles tropicales n'avaient jamais produit que du sucre, comme si elles ne pouvaient plus produire que cette denrée, comme si actuellement même elles ne fournissaient pas autre chose et que de cette marchandise unique résultassent exclusivement tous les avantages du commerce que nous faisons avec nos possessions coloniales. C'est là une erreur capitale qu'on a accréditée à dessein, et qui sera détruite par le plus simple examen des faits que nous avons à énumérer.

Classement des motifs d'importance.

On range ordinairement sous quatre chefs distincts les arguments que l'on emploie pour démontrer tout l'intérêt que la métropole doit attacher à la possession de ses colonies :

1.° Importance propre de ces établissements.

2.° Avantages de nos manufactures et de notre agriculture, qui y exportent pour 50 millions de francs.

3.° Avantages du commerce maritime occupé au transport des marchandises exportées et importées.

4.° Formation, par la navigation marchande, d'excellents marins recrutés ensuite par la marine de l'état.

Ces considérations sont bien graves et nous ne les affaiblissons pas. Nous voulons seulement les apprécier avec justesse.

IMPORTANCE PROPRE DES COLONIES.

L'importance des colonies est réelle, mais la part qui en revient au sucre n'est pas telle toutefois qu'on doive, pour la ménager avec une sollicitude scrupuleuse, porter la perturbation au milieu d'une industrie indigène d'une immense utilité.

On dit que la population de nos quatre colonies sucrières est de 360,171 individus (1), et qu'on ne peut manquer de prendre en considération les intérêts d'une telle population. Bien! mais il faut noter que sur ces 360,000 individus 77,000 seulement sont libres; les autres sont esclaves et conséquemment désintéressés dans la question de la production du sucre colonial. Que disons-nous, désintéressés? Ils ne sont esclaves que parce que la culture de la canne l'exige ainsi; les autres cultures leur permettraient d'aspirer à la liberté. Qu'on juge, d'après cela, s'il y a un seul individu dans les colonies, hors des 77,000 personnes libres, qui demande la prospérité des sucreries.

Population.

Mais parmi les 77,000 individus jouissant de leur liberté on ne compte que 50,000 blancs, parmi lesquels le ministre n'admet que 45,000 Français.

Voilà donc un nombre déjà bien réduit: il va l'être davantage encore, si l'on considère que cette population est loin d'être en totalité occupée à la production du sucre. En effet, les sucreries ne forment que 1/6 des établissements coloniaux (2). D'après cela on a fait le calcul sui-

(1) Ces chiffres, qui représentent la population de 1831, sont puisés dans les documents publiés par le ministre du commerce, en 1835. En ajoutant la population du Sénégal à celle des colonies sucrières, on trouve que la population totale de nos colonies est de 374,057 individus, dont 80,143 libres et 294,434 esclaves. Pour 1832, les délégués des colons établissent dans l'enquête que la population libre est de 90,000 individus, celle des esclaves 282,000; total, 372,000. Il y a donc diminution de population. Cette diminution est constante depuis l'abolition de la traite. Il faut remarquer que dans le procès verbal de l'enquête il y a transposition de chiffres.

(2) Dans les excellents articles publiés sur la question des sucres par la *Flandre agricole et manufacturière*, on donne l'énumération suivante des

Populations sucrières (indigène et exotique) comparées.

vant (1): en admettant que les personnes intéressées, non les travailleurs, soient en nombre égal pour chaque établissement, quelle que soit sa nature, il en résulterait que les sucreries qui forment 1/6 des établissements intéresseraient 1/6 de la population; et les colons français étant au nombre de 45,000, on trouverait que 7 à 8 mille personnes sont intéressées directement à la production du sucre colonial. Si on voulait trouver le nombre de toutes les personnes libres, françaises on non, intéressées à cette production, on obtiendrait 13,000 individus pour 1,300 fabriques, c'est-à-dire 10 individus par fabrique. On objectera que les sucreries, étant plus importantes, doivent intéresser plus d'individus que les autres établissements; cependant si les sucreries emploient évidemment plus d'esclaves il n'est pas prouvé qu'elles intéressent plus de personnes libres. Du reste, nous avouons volontiers que ces calculs ne sont qu'approximatifs; mais ils sont suffisants.

Si on compare le nombre que nous venons d'indiquer à celui des personnes directement intéressées à la production du sucre de betteraves, on aura les résultats suivants · Il y a en France près de 600 fabriques; si on admet comme

---

établissements de la Martinique, de la Guadeloupe, Guyane et Bourbon:

Sucreries	1,318
Cafèyeries	2,469
Cotonneries	332
Cacaoteries	8
Roucouyeries	101
Habitations à épices	132
Plantations des végétaux alimentaires	3,492
TOTAL	7,852

(1) *Flandre agricole et manufacturière.*

pour les colonies 10 personnes intéressées par fabrique on aura 6,000 intéressés.

On a calculé que 350 ouvriers agricoles et manufacturiers étaient nécessaires pour produire 100,000 kil. de sucre. La production de 1837 à 1838 sera de 50 millions de kilogrammes; le nombre d'ouvriers sera donc de 175,000. Chaque ouvrier a une famille. Nous savons que plusieurs individus de la famille sont occupés aux travaux réclamés par les sucreries, et ce n'est pas un des moindres avantages de ces établissements que d'occuper des femmes, des enfants, etc. Conséquemment nous ne multiplierons pas le nombre des ouvriers par le nombre d'individus qui composent ordinairement une famille et qui est de cinq. Mais comme il est physiquement impossible que toute une famille soit occupée aux travaux extérieurs, soit parce que des individus sont trop faibles, soit parce que les soins de ménage et d'entretien exigent, au moins, une personne, c'est rester bien au-dessous de la réalité que de considérer le nombre des intéressés comme étant double de celui des ouvriers; ce serait donc 350,000. En ajoutant à ce nombre celui des fabricants et leur famille, on a 356,000 au lieu de 7 à 8 mille colons français.

D'après ces calculs les intéressés directs dans la fabrication du sucre indigène égalent, à très peu près, en nombre, la totalité des habitants des colonies, français et étrangers, esclaves et hommes libres, individus s'occupant de la fabrication du sucre ou n'y prenant pas part, tout étant compris. Si on comparait le nombre des individus qui travaillent à la production du sucre de betteraves à celui des hommes libres et français qui sont intéressés à la plantation de la canne à sucre, on trouverait que les premiers sont cinquante fois plus nombreux.

Nous aurions pu encore compter parmi les intéressés

directs à la fabrication tous les propriétaires des localités où sont établies des sucreries, car les revenus de tous sont augmentés. Or, le nombre des propriétaires des cinq départements où il y a le plus de fabriques est de 1,086,510 (1), mais nous consentons à ne supputer que les travailleurs spéciaux.

On peut juger par ces seuls aperçus où est la plus grande importance, et il faut noter que la fabrication indigène est destinée à satisfaire une consommation qui tend toujours à s'accroître.

INTÉRÊTS NATIONAUX FAVORISÉS PAR LES COLONIES.

Les considérations dans lesquelles nous venons d'entrer prouvent suffisamment que la nation française ne pourra jamais regarder la population occupée à la production du sucre indigène comme moins importante que celle qui fait cultiver la canne aux colonies. Aussi, n'insiste-t-on pas sur ce point, et pour défendre l'intérêt colonial on le rattache à d'autres intérêts nationaux qui ont une grande valeur.

INFLUENCE DES SUCRERIES COLONIALES SUR LES MANUFACTURES ET L'AGRICULTURE.

Celui de nos manufactures et de notre agriculture est le premier qu'on mette en avant. Il appert des livres de douane que la France expédie annuellement à ses colonies des marchandises dont la valeur est estimée 50,000,000 francs (2). Ces marchandises sont le produit de notre sol ou de nos fabriques: notre agriculture et notre industrie éprouveront donc un grand dommage, si la production du sucre colonial est anéantie.

---

(1) Extrait de documents publiés par le ministre en 1835.

(2) Tableau des intérêts de la France, par M. Ch. Dupin, etc.

Exposé des motifs du projet de loi de 1836.

La *Revue du XIX.e Siècle* (janvier 1839), dit que le chiffre des exportations s'est élevé jusqu'à 61 millions. Mais comme la production du sucre n'est pas augmentée, ce ne sont pas les producteurs qui ont pu augmenter leur consommation, à moins que leurs bénéfices ne soient pas ce qu'ils disent.

Certes le chiffre que nous venons de poser est considérable; mais il ne faut pas s'en laisser effrayer, car nous allons voir qu'il n'indique en aucune manière le montant de la perte à laquelle pourrait être exposée notre industrie.

Destination des marchandises exportées.

D'abord il faut noter que le chiffre de 50 millions de francs concerne tous nos établissements coloniaux et non pas seulement nos colonies sucrières; ensuite il faut savoir que notable partie de marchandises conduites aux Antilles est destinée à la réexportation et que conséquemment on l'exporterait dans tous les cas. Il est utile de constater encore que parmi les marchandises exportées pour nos colonies, il en est plusieurs qui ne sont pas le produit réel de notre industrie : par exemple on y conduit pour 800,000 fr. de chevaux, mulets et bétail, et la France en tire de l'étranger pour 10 millions; il n'y a donc pas grand profit à en livrer à nos établissements coloniaux. Enfin il faut se rappeler que, dans nos possessions qui admettent la culture de la canne, les sucreries ne constituent que 1/6 des établissements exploités par les colons, et que, conséquemment, on ne peut admettre que toutes les denrées importées aux colonies soient destinées aux propriétaires des sucreries : il serait d'ailleurs matériellement impossible qu'ils les consommassent et qu'ils les payassent. En effet, les colons déclarent qu'aux prix actuels il ne leur reste que 13 fr. par 100 livres de sucre : ce qui donne 20 millions 800 mille fr. pour la production des 80,000,000 de kil. de sucre qu'ils nous amènent; avec cette somme il faut qu'ils soldent tous les frais de la production; admettant donc qu'ils ne tirent aucun élément du travail de leurs îles, et qu'il ne leur reste aucun bénéfice réalisé, ce qui est également impossible, ils ne pourraient payer que les 2/5 de la valeur des marchandises qu'on dit leur être destinées, marchandises qui

Consommation des sucreries coloniales.

devraient encore être augmentées du prix de transport.

Nous savons bien qu'ils disent qu'au prix de 13 fr. ils sont en perte et qu'il leur faudrait 20 fr. Mais à ce dernier prix, et en admettant encore les suppositions insoutenables que nous énoncions, ils n'obtiendraient encore qu'une somme de 32,000,000 fr. Leurs assertions relatives au tribut qu'ils paient à nos manufactures sont donc totalement et matériellement inexactes.

Compensation de la consommation coloniale.

Si elles étaient vraies, elles seraient encore loin d'être suffisantes pour faire prononcer la condamnation des sucreries indigènes : car il est parfaitement évident que si nos colonies cessaient de produire du sucre, elles recommenceraient à nous approvisionner de denrées que nous allons chercher maintenant dans des contrées qui nous sont étrangères, et conséquemment elles appelleraient en échange une quantité de marchandises à peu près égale à celle que nous donnons, pour obtenir le sucre colonial.

Consommation de la sucrerie indigène.

De plus, dans cette supposition, la sucrerie indigène serait appelée à approvisionner le marché français; elle prendrait donc un grand accroissement; elle emploierait de nouvelles populations pour créer l'excédant de produit qu'on lui demanderait; conséquemment nos manufactures trouveraient deux débouchés pour un : d'une part elles approvisionneraient les colonies se livrant à d'autres cultures, d'autre part les populations ou nouvelles, ou plus occupées et plus riches, qui travailleraient dans les sucreries indigènes, ou si les colonies, dans leur nouvelle position, ne faisaient que prendre les marchandises que nous conduisons actuellement sur les marchés étrangers, nos manufactures jouiraient de l'approvisionnement des individus qui concourent à la fabrication intérieure.

Il est, ce nous semble, inutile d'insister sur ce point ;

on n'exigera pas probablement de nous que nous prouvions que tous ceux qui prennent part à la production du sucre consomment autant et plus que ceux qui extraient le sucre de la canne. Cette tâche serait trop facile. Ainsi, on a calculé (1) que la nourriture du travailleur des colonies coûte moyennement 10 cent. et que l'ouvrier de notre pays consomme, en pain seulement, 18 cent. 1/2. Quant à l'habillement, on a calculé (2) que pour 3,500 fr. on pourvoit pendant une année à l'habillement de 150 noirs, ce qui donne 23 fr. 33 cent. par tête, tandis que les calculs les plus modérés portent à 81 fr. 65 cent. la dépense en vêtements pour un homme de notre pays. Il est donc avéré que la population employée à la production du sucre indigène étant plus nombreuse, enlevant une plus grande part dans le prix de revient et consommant plus, contribue plus directement à la prospérité de nos manufactures et de notre industrie agricole que ne le font nos îles sucrières.

Nous voyons ce qui reste de ce fait, si souvent invoqué, que la prospérité de nos fabriques exige que nos Antilles produisent du sucre, et que toute diminution dans leur production aura des conséquences funestes pour l'industrie française. Cet argument ne peut soutenir le plus léger examen. Nous pouvons donc analyser une autre série de faits.

Influence des sucreries coloniales sur le commerce maritime.

Nous parlerons des avantages que le commerce maritime retire du commerce des sucres. Il est évident que le transport des sucres, le courtage, l'emmagasinage, la commission, etc., donnent des bénéfices aux négociants de nos ports. Cela ne peut être contesté. Mais d'abord il

(1) *Flandre agricole et manufacturière*, p. 119.
(2) *Id.*

Compensation du transport des sucres.

faut remarquer encore que ces transactions ne représentent pas la valeur de tout le commerce de la France avec ses colonies, puisque nous avons fait voir que ce produit était loin d'être le seul qu'elles nous fournissent. Ensuite il faut noter que si les bénéfices des ports venaient à diminuer, ce ne serait pas une perte absolue pour la France; cela n'est pas difficile à prouver : les prix de transport etc. des sucres coloniaux en France font partie du prix que doit payer le consommateur français; pour ce dernier, il fait partie intégrante du prix de revient, car il faut que le sucre soit arrivé sur nos marchés pour qu'il y puisse être consommé. Si donc, aux prix actuels le sucre coûte 13 cent. la livre aux colonies et que le transport et autres frais l'augmentent de 15, c'est, pour le consommateur français, comme si le prix de revient du sucre colonial était de 28 cent. : seulement les 15 cent. sont obtenus par des industriels français. Tout cela est évident ; mais le prix de revient du sucre de betteraves est de 38 cent., au moins; le prix de revient est distribué, en totalité, aux industriels français; conséquemment, ceux-ci ont une part encore plus grande que celle qu'ils obtiennent du sucre colonial : le travail français, loin d'être moins favorisé, l'est donc davantage. Il faut reconnaître que certains travailleurs sont remplacés par d'autres, mais il n'y a là qu'un déplacement et nullement une perte absolue pour le pays : le commerce maritime, pourrait-on dire, aura à se plaindre, mais la France serait loin d'être plus pauvre; nous allons prouver que notre commerce maritime lui-même n'éprouverait pas de préjudice.

Transports substitués à celui des sucres.

Nous ferons d'abord observer que si notre marine marchande venait à être privée réellement du transport des sucres, par suite de la destruction de la culture de la canne dans les Antilles, d'autres denrées viendraient remplacer les vides qui se formeraient dans les chargements de nos bâtiments de commerce; car, nous l'avons dit, nos îles ne peuvent rester improductives, elles s'adonneraient à une autre production tropicale; elles nous fourniraient des marchandises qui nous sont fournies maintenant par d'autres régions, et ces marchandises ne pourraient manquer de procurer à nos vaisseaux un ample dédommagement. En effet, le transport des produits exotiques, que déjà nous consommons, comme le coton, n'appartient pas actuellement à notre marine, parce qu'elle ne peut soutenir la concurrence avec les marines étrangères, comme celle des Américains, par exemple; et si ces produits provenaient de nos colonies, le transport lui en serait réservé, puisque le privilège de la navigation entre la mère-patrie et ses établissements d'outre-mer lui est exclusivement accordé.

S'il arrivait ensuite qu'on permît la réexportation directe des sucres, mesure que nous examinerons en son lieu, la culture continuerait et il serait fort facile de réserver encore aux navires français la facilité de s'emparer de ces transports et de ramener aux Antilles les marchandises qu'elles peuvent recevoir de l'étranger, telles que les farines qu'elles tirent des États-Unis. Nos armateurs, rendus sur les lieux de production du coton, du bois de teinture, etc., seraient probablement en position de ramener en France ces denrées avec avantage, ce qu'ils ne peuvent faire maintenant; de manière qu'il serait possible que notre marine marchande pût trouver une cause de développement au lieu de voir diminuer les transports qui lui sont réservés. Qu'on se le rappelle bien, l'obligation d'apporter tous les sucres en France n'eut pas autrefois pour cause le désir de donner un fret à nos vaisseaux, mais le besoin de conserver *au fermier du domaine d'Occident* les revenus sur lesquels il avait compté (1), et aussi la crainte de voir la France manquer d'un produit que nous enviaient les autres nations européennes et dont nous étions en position de les approvisionner par la réexportation de nos ports, quand nous possédions Saint-Domingue. Combien tout est changé aujourd'hui; l'état de nos possessions coloniales n'est plus le même et le sucre de betteraves se présente comme pouvant satisfaire à toutes les consommations de la France.

Il est temps par conséquent d'apporter des modifications à un état de choses qui ne peut être profitable à notre marine, qui lui est même préjudiciable. Tous les raisonnements que nous venons de faire seraient absolument inattaquables, s'il s'agissait réellement des intérêts de la navigation. Les changements que les circonstances nouvelles exigent pourraient tout au plus causer quelques dommages à nos ports; mais on devra reconnaître que ce ne sont pas les intérêts les plus graves de nos villes maritimes qui auraient à s'inquiéter; ceux des armateurs sont les mêmes que celui des marins; ils n'éprouveraient pas de lésion. Il ne pourrait donc y avoir de souffrances éprouvées que par quelques commissionnaires, quelques consignataires, quelques préposés aux déchargements; encore est-il évident qu'ils obtiendraient d'amples compensations, car le développement de la prospérité intérieure ferait augmenter immanquablement les transactions avec les pays étrangers et augmenterait la vie et le mouvement de nos ports, et s'ils n'y perdaient rien, la France aurait tout à y gagner.

Mais, si l'on ne veut pas reconnaître la vérité de nos démonstrations, c'est qu'en réalité il ne s'agit pas des

(1) Ces faits sont prouvés amplement dans un article du *Mémorial commercial*, novembre 1838, page 297.

intérêts de la navigation elle-même. Si les villes maritimes font entendre des plaintes vives, plus vives même que celles des colons, ce n'est pas qu'elles soient extrêmement touchées des souffrances de ces derniers ni des intérêts du commerce des transports; il est pour elles des considérations plus fortes qui déterminent leurs réclamations; c'est ce qu'on comprendra facilement quand nous aurons exposé la manière dont les choses se passent, pour amener les sucres coloniaux sur notre marché.

L'intérêt de la navigation n'est pas le motif réel des plaintes des négociants des ports.

Les colons n'expédient pas leurs produits aux ports de la métropole: ils vendent sur place. Les négociants des villes maritimes exportent les marchandises que les colonies réclament, et apportent, en retour, les sucres qui leur ont été donnés en paiement des objets qu'ils ont fournis aux planteurs (1); le colon fixe son prix en raison de l'état de sa récolte, le négociant revend en raison de l'état du marché français; ces deux éléments doivent nécessairement finir par se balancer, mais la relation n'est pas immédiate, et l'on voit fréquemment des différences notables entre le prix des sucres aux colonies et les prix dans les entrepôts de la métropole, tous frais compensés. Si le prix des ports français laisse une perte, elle reste à la charge du spéculateur, qui, du reste, s'est couvert par les bénéfices plus ou moins élevés qu'il a faits sur les marchandises qu'il a expédiées; et même l'on doit dire, qu'il ne vend jamais ses pacotilles qu'à des prix tels qu'il puisse, sans inconvénients, éprouver des pertes sur les

(1) Il arrive que les colons ne peuvent fournir la quantité de sucre nécessaire pour payer les marchandises achetées; de là proviennent les dettes que les colonies ont contractées avec les ports français. Ces dettes sont un motif qui, s'ajoutant aux autres, peut conduire les villes maritimes à demander avec instances que les relations commerciales ne soient pas changées.

retours, qu'il considère toujours comme devant lui être désavantageux, afin de ne point se tromper.

Il résulte de ces faits : 1.° que lorsqu'une perte existe, elle ne tombe pas à la charge du colon ;

2.° Que la perte vient diminuer les bénéfices que l'armateur a effectués sur les marchandises exportées ;

3.° Que la perte n'est souvent qu'apparente, parce que le prix de vente des marchandises exportées a toujours été calculé de manière à couvrir les pertes que peut faire subir le sucre donné en paiement ;

4.° Enfin qu'il est important pour les spéculateurs qui se livrent au commerce des denrées coloniales d'être maîtres du marché français, afin d'en régler toujours le prix.

Ces faits nous prouvent donc que les pertes éprouvées sur les sucres des colonies peuvent très-bien n'être pas réelles. Ils prouvent surtout que les intérêts de la navigation ne sont pour rien dans les plaintes des délégués des villes maritimes : il s'agit pour eux de spéculation et nullement des transports ; que conséquemment ce qui leur importe essentiellement, c'est de ne point rencontrer de rivaux sur le marché de la métropole.

Aussi les défenseurs des intérêts maritimes ne veulent-ils pas de l'exportation directe des sucres coloniaux, qui, loin de diminuer l'emploi de la marine française, pourrait l'augmenter ; ils n'en veulent pas parce qu'ils ne veulent pas naviguer ; leur affaire est de spéculer sur la marchandise qu'ils exportent, et sur la marchandise qu'ils importent ; ils cherchent à être sûrs du marché vers lequel ils expédient, sûrs du marché où ils retournent, et ne veulent, en aucune manière, avoir à calculer les chances des marchés étrangers ; ils ne prétendent pas faire de longs et nombreux voyages, ils aspirent à retourner chez eux, car, en définitive, l'intérêt de la navigation ne les occupe pas, leur spéculation est tout.

La réexportation paraîtrait devoir leur convenir assez bien ; puisqu'ils pourraient placer leurs sucres en d'autres mains, qui, de l'entrepôt, les feraient passer sur des marchés étrangers en raison des demandes ; mais il n'en serait ainsi que parce que le marché français ne serait pas dominé par les produits coloniaux, et c'est là le but spécial des spéculateurs ; ils plaideront donc peu pour la réexportation.

Enfin, vous ne verrez jamais les négociants armateurs admettre un système de conciliation entre les sucreries indigènes et coloniales, parce que cette conciliation devrait être fondée sur une équitable pondération des deux productions ; la France cesserait donc d'être offerte à la spéculation maritime, et c'est ce qu'on ne veut pas.

Il nous semble que nous venons de dévoiler tout le mystère de la question : on repousse tout arrangement avec l'industrie indigène ; elle gêne les opérations des négociants des ports ; on veut sa mort ; on ne sera satisfait que lorsqu'on l'aura tuée ; et ce but, que l'on poursuit, on ne s'efforce pas de l'atteindre dans l'intérêt de la navigation : encore une fois, c'est dans l'intérêt des spéculations sur les denrées coloniales.

Pour nous, nous admettons la nécessité et la loyauté de ces spéculations, mais nous demandons qu'elles soient renfermées dans de justes bornes. On verra plus tard que nous ne désirons pas la détruire, mais nous dirons qu'il n'est pas juste, pour lui laisser toute facilité, d'anéantir la plus utile des industries agricoles. En ce moment le seul point dont nous nous occupions, c'est l'intérêt de la navigation, et il nous semble que les faits qui viennent d'être énoncés prouvent que cet intérêt n'est pas en danger.

Il reste donc constant que les réclamations de nos ports en faveur de notre marine ne sont pas fondées; tout au plus peuvent-ils invoquer quelques motifs personnels et étroits pour étayer l'hostilité qui les anime contre une industrie nationale; en invoquant la nécessité de protéger notre navigation, ils prennent un prétexte; le sort de notre navigation n'est nullement compromis, il ne s'agit, dans cette question, que de quelques-unes de leurs transactions commerciales. Nous avons vu, dans une circonstance bien récente, combien peu ils sont touchés des intérêts de notre marine nationale: lorsqu'un droit élevé pesait sur les houilles anglaises, la Belgique approvisionnait de ses charbons tout notre littoral océanique; elle les expédiait à Dunkerque, et de ce port les navires français les transportaient au Hâvre, à Rouen, Nantes, Bordeaux, etc. Ce cabotage était d'autant plus nécessaire que les bâtiments qui y étaient employés ramenaient dans le Nord, à un prix modéré, les produits des contrées méridionales. Eh bien! tous nos ports ont réclamé avec une énergique insistance l'abaissement énorme des droits imposés sur les houilles anglaises; on a fait droit à leurs réclamations, et certes nous ne nous plaignons pas de la mesure que le gouvernement a prise, bien qu'elle lèse les intérêts d'un grand nombre de producteurs français. Mais enfin il est vrai que maintenant les navires anglais importent directement les produits de leur pays, que notre cabotage, si propre à former d'excellents marins, parce qu'il s'exerce dans des mers difficiles, a subi une forte diminution, et que les négociants de nos ports n'ont fait entendre aucune plainte en faveur de la marine parce que leurs transactions n'éprouvaient aucun préjudice. Par là on peut juger de la sincérité de la sympathie qu'ils éprouvent pour la prospérité de notre navigation.

Nous voyons jusqu'à présent les arguments mis en avant pour établir la nécessité de tout sacrifier à nos colonies avoir plus d'apparence que de réalité. Nous arrivons à celui qui touche le plus les esprits parce qu'il semble intéresser vivement l'honneur et la puissance de la France. On dit que le commerce que nous faisons avec nos établissements transatlantiques forme d'excellents matelots, parmi lesquels la marine militaire va se recruter; que conséquemment notre puissance navale est liée à la conservation de nos Antilles, et qu'ainsi, il n'y a pas à balancer, il faut les conserver à tout prix.

INFLUENCE DES SUCRERIES COLONIALES SUR NOTRE MARINE MILITAIRE.

Nous comprenons toute la sollicitude qu'on éprouve pour notre prédominance maritime, et, nous aussi, nous voulons que nos flottes soient puissantes, respectées, qu'elles promènent fièrement le pavillon national sur les mers, et que par conséquent elles soient montées par des marins habiles, courageux, expérimentés; vous le désirez et nous aussi. Mais il doit nous être permis de rechercher si le salut des escadres, qui sont un élément si indispensable de notre influence politique, est fatalement lié à l'existence de nos colonies; s'il en est ainsi, tant pis, car la destinée de notre marine sera fort précaire; mais quelque fâcheux qu'un tel état de choses pût être, nous le respecterions religieusement, tout en le déplorant. Heureusement nous pensons que ce fait n'a rien de réel.

Compensation produite par les transports substitués à ceux des sucres.

Nous avons dit que lorsque les sucres coloniaux n'arriveraient pas en totalité dans nos ports, nos navires éprouveraient peu ou point de préjudice, parce que d'autres denrées, actuellement transportées par des marines rivales, leur viendraient par privilège, puisqu'elles seraient le produit de nos établissements coloniaux. Que de plus, les circonstances nouvelles dans lesquelles se trouveraient nos bâtiments leur faciliteraient le transport de marchandises leur qui échappent nécessairement dans l'état actuel de nos relations. Conséquemment nous ne voyons en aucune manière ce que la marine militaire pourrait éprouver de dommage, puisque le même nombre de vaisseaux marchands seraient employés.

Cependant nous nous placerons, si l'on veut, dans l'hypothèse qu'on nous présente, et nous chercherons ce qui arrivera, si, ce qu'on ne peut admettre, le transport du sucre venait à être enlevé, sans compensation, à nos bâtiments de commerce, si le désastre serait aussi grand qu'on l'annonce pour la marine de l'état, et si elle serait, pour ainsi dire, menacée de ruine.

Les faits statistiques vont nous faire découvrir la vérité; or, la vérité ne sera pas aussi terrible qu'on l'imagine.

Appréciation de la navigation alimentée par le transport des sucres.

Quand les adversaires du sucre indigène veulent montrer quel tort il peut faire à notre marine marchande, en empêchant le transport des sucres coloniaux, ils ne manquent jamais de faire de singulières confusions : ils calculent toujours comme si la navigation entre nos ports et nos colonies n'était animée que par le transport du sucre et prenant le chiffre total, ils en déduisent la perte que feraient nos vaisseaux. Ensuite pour faire apparaître un grand nombre de navires employés à ces transports, ils supputent ceux qui sont entrés dans nos ports et ceux qui en sont sortis; et pour faire croire qu'un grand nombre de matelots sont occupés sur ces bâtiments, on établit leur nombre d'après le nombre total de ces navires, bien que les mêmes soient entrés et sortis deux fois par année, et que, par conséquent, le nombre réel des navires et par suite des équipages soit quatre fois moindre.

Ainsi, selon M. d'Argout (1) le nombre des navires

(1) Exposé des motifs du projet de loi de 1836.

sortis de nos ports en destination pour les colonies est de 468, montés par 6,266 marins, et un pareil nombre montés par 5,721 marins sont rentrés, venant des mêmes lieux. On a justement fait remarquer qu'il ne faut pas ajouter l'un de ces nombres à l'autre, et que le mouvement qui se passe entre nos ports et nos colonies n'occupe pas 936 navires montés par 11,987 marins, car, encore une fois, ce sont les bâtiments sortis qui sont ensuite rentrés.

Nombre de navires et matelots employés.

On a de plus remarqué que les navires faisant au moins deux voyages par an, il en résulte qu'au lieu de 468 employés au commerce des colonies il n'y en avait réellemment que 234 montés par 2,996 marins.

Mais ces bâtiments ont fait tout le commerce entre la métropole et ses colonies, et n'ont pas seulement été chargés de satisfaire aux relations établies entre nos ports et nos colonies sucrières; celles qui ne produisent pas de sucre ont reçu des navires français dans leurs rades et les ont chargés des marchandises qu'elles nous adressent. Le plus simple raisonnement suffit pour faire admettre cette vérité; les faits recueillis la rendent évidente, puisque 234 navires de 250 tonneaux, en moyenne, faisant 2 voyages par an, peuvent transporter 117,000 tonneaux, et que les colonies sucrières, d'après les documents statistiques (1) extraits des publications officielles, n'ont fourni que 104,289 tonneaux. Il faut donc qu'un certain nombre de nos navires trouvent leur charge en d'autres contrées. Un huitième au moins n'a pas visité nos colonies sucrières puisque 117,000 tonneaux dépassent de cette quantité le nombre de 104,000 tonneaux. Les navires qui se rendent dans les îles qui sont en possession de nous livrer leur sucre se réduit donc à 206.

(1) *Revue des Deux-Mondes*, octobre 1838.

Enfin on sentira facilement que les colonies sucrières ne produisent pas seulement du sucre; elles fournissent, comme nous l'avons déjà dit, du coton, du café, du bois de teinture, du cacao, du rocou etc. Une partie de nos navires ont dû transporter ces marchandises; tous ceux qui ont visité Bourbon et les Antilles n'ont pas été affrétés pour le transport du sucre. En effet, en reprenant les chiffres que nous avons posés tout-à-l'heure, nous trouvons que nos colonies sucrières nous ont envoyé 104,289 tonneaux. Or, il est constaté qu'elles ne nous livrent que 80,000,000 de kilogrammes de sucre, ou 80,000 tonneaux. Elles produisent donc en d'autres denrées 24,000 tonneaux ou un peu moins que le quart de la production totale. Le quart des navires qui fréquentent leurs ports sont donc étrangers au transport des sucres. On objectera que les chargements doivent être tellement combinés que les navires doivent emporter une certaine quantité de sucre pour servir de lest; mais il est évident que parmi les autres produits il en est qui lesteraient aussi bien le navire. D'ailleurs, en supposant que la sucrerie indigène fît éprouver un notable dommage à la production coloniale, elle ne pourra certainement aller jusqu'à la suppression totale de la culture de la canne. Jamais, en admettant même qu'on ne vînt pas en aide à la sucrerie coloniale dans le cas où elle éprouverait un dépérissement bien constaté, et la sucrerie indigène un développement toujours plus grand, jamais cette dernière ne saurait nuire, dans l'état actuel des choses, aux plantations placées dans de bonnes conditions. Il y aura donc toujours aux colonies une quantité de sucre pour entrer comme élément accessoire des chargements.

Dans les calculs que nous faisons il est donc vrai qu'on ne doit compter que le tonnage nécessaire pour le transport des sucres; ceux employés au transport des autres denrées doivent être déduits de la masse des bâtiments qui font le commerce colonial. Il faut donc soustraire du nombre de 206, qui représente ceux qui se rendent annuellement aux colonies, le nombre 47 qui représente le nombre nécessaire au chargement des autres denrées; par conséquent il ne resterait que 159 à 160 navires chargeant du sucre pour la consommation de la France, lesquels, dans la proportion établie plus haut, sont montés par 1,920 matelots (1).

Voilà le chiffre exact et des navires et des matelots qui sont occupés au transport des sucres. Ces calculs sont parfaitement évidents: le sucre qui nous est livré par les colonies n'est que de 80,000 tonneaux; pour charger 80,000 tonneaux il faut 160 vaisseaux de 250 tonneaux chacun, et faisant deux voyages par an, lesqeuls seront montés par 1,920 marins.

Nombre des matelots fournis à la marine militaire.

Ainsi, en supposant que, le transport des sucres cessant, tout le personnel de marins fût supprimé, ce que nous avons démontré impossible, notre marine militaire aurait à recruter dans une masse de matelots diminuée

---

(1) La *Revue du XIX.e Siècle* (janvier 1839) contient un article dans lequel on renonce à admettre le chiffre de 11,987 marins, comme l'avait fait M. d'Argout en additionnant les chiffres des matelots qui montent les bâtiments expédiés aux colonies et ceux qui en reviennent, ce qui constitue un double emploi. On ne compte plus que 5 à 6,000 matelots. Cependant on lit dans cette *Revue* une lettre du 15 janvier 1836, adressée par M. le ministre de la marine à M. le ministre du commerce, dans laquelle on compte encore onze mille matelots employés à la navigation entre la métropole et les colonies; mais dans la même lettre, on établit qu'on aurait « 8 à 900 matelots privés de moyens de navigation, si notre marine était privée du transport des sucres coloniaux. » Ce chiffre est moins élevé que le nôtre, qui est de 18 à 1900. Y a-t-il erreur dans celui de M. le ministre de la marine?

de 2,000 et dans le cas d'une expédition urgente elle ne pourrait plus compter sur le concours de ces deux mille marins. Eh bien! combien en prend-elle annuellement dans cette masse, et combien pourrait-elle en enlever subitement en cas de nécessité pressante? On ne pourrait certainement nous le dire, mais on ne saurait admettre qu'un grand nombre de ces marins pût jamais être disponible; car, enfin, il faut que le transport des sucres s'effectue, et nous n'avons donné que le nombre nécessaire pour manœuvrer les bâtiments affectés à ce transport; de plus les voyages que cette classe de marins entreprend étant longs, il en résulte que la majorité d'entre eux doit inévitablement se trouver en mer ou dans un autre hémisphère, lorsqu'un événement subit nécessiterait leur appel sur les bâtiments de l'état. Ce n'est donc pas sur eux qu'il faut compter pour manœuvrer nos flottes: ce sont bien plutôt les marins occupés du cabotage qui sont à la disposition du gouvernement.

Mais au moins ils forment une pépinière dans laquelle nos escadres peuvent recruter des matelots expérimentés, cela est vrai; mais nous le demandons encore une fois: dans quelle proportion nos équipages y vont-ils puiser tous les ans? en prennent-ils 1/10, 1/5? il est vraiment impossible d'admettre ce dernier chiffre, cependant nous le prendrons pour faire la part belle à ceux qui ont résolu d'exagérer les avantages de nos relations coloniales: donc tous les ans, la partie de notre marine qui s'occupe de nous amener les sucres produits sous les tropiques fournit à notre marine militaire 384 matelots.

Ce nombre est bien exigu, en comparaison de l'importance des cadres de notre marine militaire (1). Mais ne

(1) Il résulte du rapport adressé par M. le baron Tupinier à M. le mi-

cherchons pas à nier l'avantage qu'il en résulte pour notre puissance navale, et n'ôtons rien à l'influence de ce faible chiffre ; voyons ce que nous coûte le résultat que nous obtenons.

Dépenses de la France pour les colonies sucrières.

Nos colonies nous font faire une dépense annuelle de 8,917,000 fr. (1). Cette dépense n'est certainement pas faite pour protéger d'une manière générale notre commerce maritime ; car il est fort douteux qu'elles nous offrent des positions militaires assez fortes pour nous permettre des refuges assurés en cas de guerre, et des moyens de ravitaillement nécessaires ; ainsi Bourbon n'a pas seulement de port. En cas de guerre maritime sérieuse, ce qu'il y a de plus probable, de plus certain, c'est que nous perdrons nos colonies, avec le matériel et le personnel que nous y aurons laissés. Mais supposons qu'elles puissent servir de base d'opération à nos escadres ; pour cela il suffirait de fortifier d'une manière respectable quelques points favorables à la défense ou rendant nos attaques avantageuses ; par exemple, la rade du Fort-Royal est, nous dit-on, la plus belle des îles sous le vent ; mettons-là en état respectable de défense, si cela est

---

nistre de la marine, que la France peut compter sur 18,000 marins enrôlés sur les équipages de ligne ; sur un pareil nombre qui auraient dû remplacer les premiers, après trois ans ; sur 12,000 recrues choisies parmi les novices et les maîtres au cabotage ; sur 7,000 hommes fournis par le recrutement et dont il est facile de doubler le nombre, enfin sur les restes des équipages employés par le commerce et le petit cabotage. Notre pays peut donc disposer de 72,000 marins. Les grandes pêches, les voyages au long cours et le grand cabotage occupent 27,000 hommes ; le petit cabotage en emploie seul 23,000. C'est donc sur lui qu'il faut particulièrement compter, car ses matelots sont nombreux et toujours sous la main du ministre de la marine.

(1) Budget de la marine, page 214. La *Revue du XIX.e Siècle* (janvier 1839) n'élève la dépense que nous faisons pour nos colonies qu'à 5,167,460 fr. ; nous ne savons pourquoi elle abaisse le chiffre du budget.

possible; mais pour atteindre ce but, il ne faut pas dépenser près de neuf millions tous les ans, plus de 1/7 du budget de la marine.

Ajoutons encore, pour compléter le tableau des dépenses, dans lesquelles nous entraînent nos colonies, que l'état entretient 130 bâtiments armés qui, outre les communications nécessaires et les expéditions spéciales, occupent onze stations ordinaires (1), parmi lesquelles trois appartiennent à nos colonies sucrières, ce sont celles des Antilles, de Cayenne et de Bourbon. Nos colonies sucrières exigent donc le quart de nos stations navales. Si ce quart nécessitait seulement le dixième de la dépense faite par le département de la marine, dont le budget, défalcation faite du service colonial, monte à près de 57 millions, nous trouverions que les stations coloniales nous coûtent encore 5,700,000.

Pourquoi ce grand déploiement de force ? Il n'a pas d'autre cause que la position exceptionnelle dans laquelle se trouvent nos colonies à esclaves où 50,000 blancs sont en présence de 320,000 individus de couleur, toujours prêts à secouer le joug intolérable qui pèse sur eux. L'esclavage des nègres est la condition première de la production du sucre ; c'est la culture de la canne qui s'oppose à l'affranchissement ; c'est donc au sucre qu'il faut imputer tous les frais de la protection coûteuse que nous accordons à nos colonies. Nous n'allons pourtant pas porter à sa charge les 8,917,000 fr. qu'elles exigent de la métropole, ni les 5,700,000 dépensés pour les stations qui les dominent. Consentons à n'attribuer à la production du sucre qu'une somme de moins de moitié dans la dépense coloniale, soit

(1) Côtes de la Péninsule, Brésil, Amérique du Sud, Antilles, Cayenne, Mexique, côtes d'Afrique, Levant, Bourbon, Terre-Neuve, Alger.

4,000,000 de francs et 1,000,000 seulement dans le service des stations; en acceptant ce partage, trop modéré sans doute, la protection spéciale des sucreries coûterait à l'état 5,000,000 francs.

Or, nous avons admis que la navigation causée par le transport des sucres pouvait fournir à l'état 384 marins. Nous avons bien voulu supposer aussi qu'aucune autre navigation ne remplacerait celle-là, si elle venait à être supprimée, ce qui est impossible. Nous avons fait toutes concessions aux défenseurs du sucre colonial, et nous nous trouvons en présence de ce chiffre : 384 marins pour 5,000,000 fr. par an, c'est-à-dire, 13,000 fr. par homme!

Qu'on nous dise maintenant que nos colonies, telles qu'elles sont constituées, entretiennent notre marine! Réduisez ce chiffre, si vous voulez; admettez que les colonies n'entrent pour rien dans la dépense des stations; admettez que la sucrerie exotique n'exige pas pour sa protection nécessaire une part aussi grande que celle que nous avons énoncée, bien que nous ayons tout réduit au plus bas; admettez, enfin, que le chiffre que nous avons posé doive être dix fois moins élevé, ce qui serait en vérité dérisoire, n'est-il pas encore évident que notre marine militaire aurait plus d'avantage à former ses marins directement, à les avoir toujours sous la main, toujours disponibles et pliés à sa discipline, dût-elle pour les exercer faire des voyages scientifiques, ou se charger gratuitement des transports du commerce : elle y gagnerait assurément.

Nous pouvons nous tromper, mais il me semble qu'il y aurait plus d'avantage à donner une prime aux marins qui importeraient les matières premières dont notre commerce a besoin et qui nous sont apportées par les étrangers : la dépense contournerait en partie au profit de l'industrie nationale, tandis que maintenant nous travaillons au profit d'établissements éloignés qu'un événement inattendu peut enlever à la mère-patrie.

Il n'est donc vraiment pas juste de dire que nous entretenons nos colonies sucrières parce qu'elles soutiennent notre marine; il serait plus exact de dire que nous n'avons de marine que pour avoir l'agrément de posséder des colonies sucrières.

Dépenses indirectes. Primes aux pêches.

Nous n'avons pas encore porté en compte tout ce qui doit être réellement à leur charge : les colonies nourrissent leurs esclaves, en grande partie, avec le produit de la pêche à la morue, pour laquelle nous accordons une prime considérable : ainsi, en réalité, nous payons encore indirectement une bonne partie de la nourriture des esclaves que nous nous chargeons de contenir à nos frais. Veut-on savoir quelle proportion nos colonies à nègres prennent dans notre pêche ? Nous trouvons dans la *Revue des deux Mondes*, 1.er octobre 1838, que sur 55,000 quintaux métriques de morue rapportés en Europe, 35,000 sont expédiés pour les colonies, que de plus elles reçoivent des cargaisons arrivant directement de Terre-Neuve, de sorte que leur consommation s'élève à 80,000 quintaux métriques; les trois quarts de la prime contournent donc au profit des colonies à esclaves. Le reste des produits de la pêche est, pour la plus grande part, expédié en Espagne : de telle façon que nous dépensons d'énormes sommes (1)

(1) Le crédit demandé au budget de 1839, pour primes accordées aux pêches de la morue et de la baleine, est de 3,000,000. Les crédits semblables pour 1838 et 1837 ont été insuffisants. La loi du 9 juillet 1836 a diminué la taxe des primes acccordées pour l'encouragement de la pêche de la morue et celle de la baleine, mais n'a pas diminué le chiffre total de la prime. Ce chiffre, au contraire, est augmenté.

Rapport au Roi, page 289.

pour que les producteurs de sucre coloniaux puissent nourrir leurs esclaves à bon marché, et pour qu'une nation étrangère obtienne à moitié prix les salaisons dont elle a besoin.

Cependant nous n'imputerons pas à la charge des colonies une part des primes dont nous venons de parler, parce qu'on nous dira que la pêche est encore faite pour former des marins, et qu'il paraît que nous sommes disposés à consentir à former nos marins d'une manière aussi coûteuse : le recueil que nous avons cité plus haut, qui est rédigé sous l'influence ministérielle et qui prend chaudement la défense des colonies, reconnaît que « l'état » alloue, sous des formes diverses, aux armateurs » qui entreprennent le voyage de pêche, des primes qui » équivalent à 3 ou 400 fr. par année et par homme » d'équipage. En d'autres termes, *l'état paie le salaire de* » *ces hommes, et abandonne aux armateurs le profit de* » *l'entreprise ;* et il est tel voyage, à la vérité de longue » durée, à la pêche à la baleine, où la PRIME INDIVIDUELLE » D'UN MATELOT EST REVENUE A 14 OU 1,500 FR. ! »

Probablement, on reconnaîtra un jour qu'il est des moyens plus économiques de former des matelots aussi expérimentés et plus exactement au service de l'état, et alors les colonies sucrières ne pourront plus nourrir leurs esclaves, ou nous feront payer leurs sucres plus cher ; car à présent, si elles semblent nous les fournir à bas prix, c'est parce que nous soldons d'une manière inaperçue la production coloniale, comme le sucre indigène paraît plus cher, parce qu'on ne compte pas tous les impôts directs et indirects qu'ont payés les producteurs.

Dès aujourd'hui, on peut reconnaître qu'en raison du petit nombre de matelots occupés aux transports des sucres, la marine militaire trouve plus de ressources dans les marins employés au cabotage, auquel appartient la plus grande masse des transports faits par navires français.

Résumé. Ainsi, lorsqu'on examine de près les assertions des délégués des ports, on voit qu'elles sont contredites par tous les faits : la perte de nos colonies, l'appauvrissement de notre agriculture et de notre industrie manufacturière, la décadence de notre commerce maritime, le dépérissement successif et inévitable de notre marine militaire, tous ces motifs, avancés pour conserver notre système colonial qui tombe de décrépitude, n'ont rien de réel : au premier moment ils saisissent les esprits, au fond ils sont sans consistance et sans valeur.

Il y a plus, parmi les motifs allégués, ceux auxquels on tient le plus, qui sont répétés par toutes les voix, sont ceux qui sont les plus faux : on dit que notre marine marchande doit presque toute son activité au transport des denrées coloniales, dont elle a le monopole absolu; c'est peut-être là la cause qui la rend inférieure, sous le rapport du bon marché du fret, à la marine de toutes les nations. Le moyen, en effet, que nos armateurs tentent des efforts pour faire le transport en concurrence avec les autres peuples quand un travail privilégié leur est absolument réservé : ils l'exécutent et se reposent; ils ne peuvent se décider à faire d'autres transports moins avantageux. On concevrait que si la navigation coloniale formait une petite partie de notre navigation générale, elle ne fit pas la règle du prix du fret par navires français; mais elle en forme presque le quart (1), le reste a encore des priviléges, de sorte que c'est le monopole qui règle le fret : les résultats sont là pour nous dire ce qui arrive.

(1) En 1836, le commerce maritime de la France a employé 911,640 tonneaux, le commerce colonial en a pris 219,360.

On dit que notre marine militaire ne peut vivre qu'à ces conditions, quand il est de la plus parfaite évidence que sa grandeur et son utilité réelle pour la France seraient infiniment plus remarquables, si toutes les sommes qu'on donne en primes, toutes les dépenses qu'on fait pour protéger une culture exceptionnelle et un état social réprouvé par la raison et l'humanité, étaient exclusivement consacrées à faire prévaloir les intérêts politiques de notre pays, et à favoriser son travail productif.

Les sucreries sous le point de vue économique.

Nous avons terminé ici l'examen de tous les arguments que les colons présentent en faveur de leur industrie et ceux que, par contre, ils amoncèlent contre la sucrerie indigène. Il est vrai qu'on se sert encore contre celle-ci des arguments des économistes; mais ce n'est pas le lieu d'examiner ici les théories d'économie publique, que, par une bizarrerie inconcevable, on a invoquées contre nos fabriques. Nous les examinerons en leur temps. Ce ne sera pas la chose la moins singulière de cette discussion que d'entendre les partisans des colonies s'emparer des principes de la science économique, et reprocher à nos producteurs la protection qu'on leur accorde. Ils vont proclamer la nécessité du *laissez faire et du laissez passer*, honnir la valeur de la *balance commerciale*, se plaindre des lois de douanes qui nuisent aux consommateurs et gênent les trafics; puis ils ne se feront pas scrupule de vouloir le maintien des colonies, comme si, dans notre régime colonial, dans notre système, de navigation et de commerce, tout n'était pas diamétralement opposé aux principes de la liberté la moins étendue; comme si les représentants des ports ne demandaient pas une protection exclusive, un monopole absolu pour notre navigation; ils réclament la liberté commerciale, mais ils veulent que l'industrie qui s'exerce sur le transport soit traitée autrement que les autres; ils veulent qu'elle soit exemple de la concurrence; on demande de favoriser par tous les moyens « les importations, qui, en dépit des fausses théories d'économie politique, sont le signe de la richesse et de l'industrie du pays. » De pareilles contradictions dans les arguments présentés pour soutenir les réclamations des ports, montrent à quel point elles sont fondées : toute leur pensée, en la dépouillant des voiles d'intérêt public dont ils savent l'envelopper, peut se réduire à ceci : nous voulons la liberté du commerce parce que nous ne sommes que commerçants et non industriels; mais nous voulons un privilége exclusif de navigation, et le monopole des transports, car la concurrence nous enlèverait des bénéfices.

Pour nous, nous sommes plus justes : nous considérons la navigation comme une industrie qui, autant et plus que les autres, a droit à la protection nationale ; mais nous ne pensons pas qu'il faille écraser un des travaux les plus productifs de la France, dans la crainte peu fondée de diminuer les transports de quelques tonneaux, et nous croyons que le monopole réservé à notre navigation est plus fait pour la tenir dans un état permanent d'infériorité que pour en favoriser les progrès.

Quant aux doctrines générales de l'économie publique et aux arguments qu'on en tire contre la sucrerie indigène, ce n'est pas le lieu de nous en occuper. Nous les examinerons lorsque nous parlerons d'une manière spéciale de cette industrie. Avant d'arriver à ce sujet, pour ne rien laisser d'incomplet dans une discussion si grave, nous devons entrer dans de nouvelles considérations relatives aux colonies : nous voulons étudier l'avenir qui leur est réservé.

III.

IMPORTANCE FUTURE DES COLONIES.

Nous avons vu ce que sont actuellement nos colonies sucrières, ce qu'elles nous coûtent et ce qu'elles nous rapportent. Nous avons montré combien les faits qu'on a apportés en leur faveur ont peu de valeur réelle ; cela suffirait pour arrêter les effets de leurs prétentions. Toutefois nous consentirons à leur accorder quelque puissance, si nos colonies doivent subsister, si elles ne doivent pas disparaître dans les révolutions profondes qui sont imminentes, si nous ne devons pas forcément les négliger dans les voies nouvelles dans lesquelles nous sommes à la veille d'entrer. Nous allons donc voir ce que sera, dans l'avenir, l'importance des colonies, déjà si restreinte, si petite, si contestée et si contestable aujourd'hui, et si nous reconnaissons que dans les temps futurs nos établissements d'outre-mer doivent avoir une valeur moindre encore, nous dirons que nos agriculteurs ont gagné deux fois leur cause.

Recherchons donc ce qu'elles seront prochainement.

Sur ce point, tout le monde est d'accord ; ceux qui veulent favoriser, sans mesure, leur fabrication de sucre pensent comme ceux qui veulent tirer ce riche produit de notre sol même ; tous disent : Leur situation est précaire, leur avenir est perdu. Leurs destinées commerciales et politiques sont accomplies.

Examinons-les d'abord sous le point de vue commercial. La production des sucreries coloniales est fondée sur l'esclavage, et l'esclavage s'en va. Avenir commercial.

Le travail libre ne donnera jamais de sucre aux Antilles ;

Point de sucreries sans esclaves.

Saint-Domingue n'en donne plus; le nègre affranchi des colonies anglaises refuse partout de cultiver la canne; l'esclave seul, sous le soleil des tropiques, endurera les rudes travaux qu'elle exige. Les colons le savent bien; ils regardent comme une cause de ruine tout ce qui tend au changement de la condition des noirs; ils se soulèvent contre toute mesure qui aurait ce but: ils repoussent l'émancipation; ils repoussent la formation d'un pécule par l'esclave, et le rachat forcé de celui qui pourrait payer sa liberté; ils repoussent l'affranchissement des fils des esclaves; ils repoussent leur instruction et leur moralisation; ils repoussent l'établissement du travail libre sur les terres domaniales. Des délibérations authentiques des conseils coloniaux constatent tous ces faits; et il en doit être ainsi, tout cela ruinerait l'esclavage, et l'esclavage est la condition de la production du sucre colonial.

L'esclavage va finir.

Mais, malgré l'opiniâtre résolution de le maintenir, il va disparaître: la population noire ne peut s'entretenir, et la traite ayant cessé, la classe des travailleurs ira diminuant sans cesse et ne pourra suffire à la tâche qui lui est imposée. Vient aussi l'émancipation des colonies voisines qui offre l'exemple contagieux de l'affranchissement. Tout dit aux colons: La liberté vous enveloppe; elle vous gagne; elle vous mine; elle vient allumer les passions de vos nègres, qui gémissent sous le fouet des intendants. Les prédications ne manqueront pas; les conseils, les secours, les directions viendront à point, on peut en être sûr, et des asiles protecteurs seront ouverts à tout nègre en fuite, à tout esclave en révolte.

Déjà une espèce de frénésie s'empare des hommes réduits en servitude; ils se jettent dans de frêles esquifs pour traverser les canaux qui séparent nos îles des îles affranchies: dix-neuf embarcations sur vingt périssent dans la traversée, et de tels exemples n'arrêtent pas ces fugitifs; la liberté les appelle! Bientôt les sociétés fondées pour l'affranchissement des noirs iront les recueillir sur les flots, et faisant disparaître les dangers de la fuite, la rendront universelle.

En une telle situation le travail sera si difficile qu'il sera ruineux pour le colon lui-même, pour la métropole aussi dont la protection sera sans cesse plus nécessaire. Bientôt il deviendra tout-à-fait impossible; un jour est proche où le nègre refusera sa pénible tâche. Si son obstination devient insurmontable, si sa volonté s'exaspère et ne connaît plus de frein, que ferez-vous? quelle puissance emploierez-vous pour le faire agir ou pour le contenir? Aurez-vous recours aux horribles châtiments qui seuls pourraient avoir action sur de tels hommes? Vous ne l'oseriez pas! vous ne le pourriez pas!

L'esclavage a fini son temps dans les colonies des Européens; il n'y a pas de puissance qui puisse le reconstituer. Nous nous garderons bien, pour hâter son abolition, de faire de la philanthropie. Il s'agit d'intérêts, n'est-ce pas? et quand nous parlerions morale, on nous répondrait par des chiffres et des prix de revient. Laissons donc en paix celui qui exploite des esclaves; n'allons pas chercher si son attentat est pire que le vol qui n'enlève à sa victime que des choses étrangères, pire que l'assassinat qui tue par emportement et promptement. Faites, faites; la loi permet; nous n'avons rien à dire à cela; vous pouvez agir en toute liberté; mais ce que vous ne pouvez pas, c'est d'éveiller les sympathies publiques sur vos périls; c'est d'obtenir l'approbation de vos efforts, l'assentiment, les secours bienveillants et rapides de vos concitoyens; ce que vous ne pouvez pas, c'est d'empêcher la conscience des peuples de sentir, en silence, le danger qu'il y a pour l'universalité des hommes de laisser violer pour un seul les lois sacrées de la justice ; ce que vous ne pouvez pas, c'est d'empêcher l'instinct moral des nations de s'écrier, avec trouble : Sur quel principe repose donc la vertu de ceux qui croient pouvoir disposer du sang des hommes ? Tout cela est peu de chose, en vérité, dans une discussion commerciale, mais quand on crie au secours, cela devient plus important, car nul ne vous entend, aucune aide ne vous est offerte, il vous reste peu de moyens de défense, peu de sûreté, peu de jours à couler encore dans l'opulence et les douceurs de la vie pachalique.

Voilà où vous en êtes, vous qui voulez la ruine d'une industrie morale pour obtenir quelques instants d'une jouissance que le siècle a marquée de sa réprobation, et que l'inexorable nécessité s'occupe à détruire sans relâche. Votre travail est impossible, et, s'il durait, il deviendrait si dispendieux qu'il ne pourrait soutenir la concurrence avec la fabrication qui s'implante sur le sol européen. On veut détruire la culture de la betterave en France, mais notre continent ne l'abandonnera pas : nul ne peut désormais arrêter la grande révolution qui est en voie de s'accomplir : l'Europe produira son sucre : déjà une large place est offerte à la plus belle des productions agricoles : l'Italie, la Suisse, l'Allemagne, la Russie voient s'élever de nombreuses fabriques, et quand la France en sera entourée de toutes parts, que feront nos Antilles, auxquelles on aura sacrifié l'industrie nationale ? Si le droit sur le sucre colonial subsiste, aucune barrière ne pourra contenir la fraude lorsque la fabrication sera améliorée ; si le droit est aboli, le fisc perdra l'un de ses plus beaux produits et les colonies peut-être ne seront pas plus prospères, car il ne faut pas croire que leur travail, toujours plus empêché par les embarras de leur position exceptionnelle, puisse lutter avec le travail européen perfectionné sans cesse par les sciences, par les arts, par la liberté.

Il y a jugement porté, et il est sans appel. Nous concevons fort bien que les colons se refusent à subir la sentence; mais nous devons prendre les faits pour ce qu'ils sont, accepter les conditions de la nécessité, et ne pas faire de sacrifices pour une production qui va disparaître et que tous les efforts humains ne sauraient entretenir.

Ne tenons donc plus compte de la valeur commerciale des colonies sucrières: c'est une valeur sans crédit.

Apprécions leur valeur politique.

Avenir politique.

L'importance politique de nos colonies sucrières, c'est encore là une évocation du passé.

Nous concevons qu'on ait fait pour elles des efforts gigantesques, quand elles avaient une valeur propre considérable, quand les chances du succès étaient grandes, quand les conséquences de leurs possessions étaient immenses. Aujourd'hui rien de tout cela n'existe.

Utilité des anciens sacrifices.

Lorsque nous faisions de rudes campagnes sur la mer des Indes, nous avions d'importantes possessions dans ces riches contrées, et l'espoir d'acquérir de vastes empires qui n'attendaient qu'un maître; nous tenions en nos mains la clef de l'Océan indien, cette île importante à laquelle la France ne peut plus même donner son nom; de si grandes espérances devaient tenir une belle place dans notre système politique; mais de ces grandes espérances il ne nous reste rien !

Si nous faisions des sacrifices pour nos colonies transatlantiques il s'agissait de St.-Domingue, la reine des Antilles; il s'agissait de la Louisiane et de son fleuve de 500 lieues qui va se joindre aux grands lacs; il s'agissait du Canada, grand comme toute l'Europe, et de cet autre fleuve immense qui forme la deuxième voie des lacs, où les navires de guerre sont allés s'entrechoquer ; nous tenions sous notre sceptre ces mers intérieures, et nous enveloppions ainsi dans une ceinture navigable de 1500 lieues toute la grande union américaine.

Inutilité de nouveaux sacrifices.

C'étaient là de nobles sujets de préoccupations pour notre politique extérieure. Mais aujourd'hui sur quoi discute-t-on ? il nous semble qu'il n'a pas été question d'autre chose que de la Martinique et de la Guadeloupe, et puis encore de Bourbon qui n'a pas de port. Enfin, nous possédons les îles que les Anglais ont bien voulu nous rendre ; qu'on juge si elles doivent assurer notre puissance maritime ! Lorsque la France faisait de grandes dépenses pour ses possessions d'outre-mer ; lorsque nous combattions pour elles, nous combattions en même temps pour la suprématie des mers, et nous avions de belles chances de victoire : notre marine luttait avec avantage contre les marines rivales. Nous ne pouvions pas craindre qu'au premier coup de canon qui retentirait sur l'Océan toutes nos colonies passeraient dans les mains de l'ennemi. Mais maintenant, nous Français, nous avons quelque honte à le dire, elles ont un tel degré de valeur et de puissance qu'on ne se vanterait pas même de leur conquête, car on n'a pas voulu les garder.

Notre marine ne saurait défendre nos colonies.

Le Nouveau-Monde chasse les Européens.

Si l'on admettait que nos flottes ne rencontreront pas, parmi les marines européennes, une rivale toute puissante, si l'on disait que bientôt nous pourrons tenter encore la fortune sur l'Océan, et que, si nous ne pouvons prétendre à saisir le sceptre des mers, nous pourrons faire payer la victoire assez cher pour qu'on regarde à deux fois avant de tenter de nous l'arracher, cela ne suffirait pas pour nous faire penser que nous conserverons les faibles et inutiles restes de notre splendeur passée. Jadis, quand nous aspirions à la possession des colonies du Nouveau-Monde, c'est contre des Européens que nous luttions : pour eux, mêmes chances que pour nous, même éloignement, même défaut d'acclimatement, même distance des points d'armement et de ravitaillement ; nous combattions à armes égales. Aujourd'hui le Nouveau-Monde a grandi ; il est devenu promptement viril ; il y a là contre nos colons, touchant le golfe du Mexique, l'Amérique du Nord qui double sa population tous les 20 ans, qui a déjà dit à la France : Guerre entre nous, si vous n'acceptez des conditions que nous disons justes ; qui ne tardera pas, orgueilleuse qu'elle est, à ne vouloir pas souffrir les Européens sur ses côtes. Qu'il vienne une guerre entre nous et les Etats-Unis, toujours grandissant, toujours construisant des vaisseaux, bientôt forcés de faire déborder au-dehors leur activité devenant dangereuse à l'intérieur, alors que deviendront nos îles, placées en vue de leurs ports, à 1800 lieues de la mère-patrie, quand leurs vaisseaux arriveront inopinément et que ces républicains, propriétaires d'esclaves, viendront crier à nos nègres : Liberté ! ils ne s'en feront pas faute, prenez la peine d'en être convaincus, et, si les Anglais trouvaient fort bon d'armer les sauvages indiens contre les nouveaux citoyens de l'Amérique, ceux-ci trouveront d'excellente guerre de vous faire égorger par vos esclaves !

En présence de tels faits, ne serait-il pas pitoyable de persister dans des voies que nous avons parcourues avec gloire, mais où il n'y a plus pour nous ni honneur ni profit. Ceux qui viennent nous parler de nos colonies, comme si nous étions encore aux siècles des Duquêne et des Suffren, ne voient donc pas que tout est changé autour de nous. Nous combattions pour des mondes, il nous reste quelques îlots ; nos flottes tenaient fièrement les mers et il était difficile de passer dans les chemins que barrait notre pavillon ; aujourd'hui sauvera-t-il nos Antilles d'une garnison anglaise ? L'Amérique tout entière était tributaire de l'Europe, l'Amérique a brisé ses entraves, elle a lutté avec succès contre l'Angleterre, et va lutter encore sur les bords du St.-Laurent ; l'Amérique a commencé des armements contre la France et elle ne les a pas suspendus parce que injonction lui en a été faite. En vérité, tout ce qu'on nous débite est écrit pour le temps qui est passé, non pour celui qui est, moins encore pour celui qui arrive : c'est par vieille habitude, sans doute, que des esprits sérieux viennent nous parler de nos colonies, comme si Louis-Philippe était le successeur immédiat de Louis XIV.

La Méditerranée appelle les peuples de l'Europe.

Encore si les portions de terre qui nous restent au-delà de l'océan Atlantique nous rattachaient aux lieux où se fera le grand commerce et où doit s'acquérir l'influence politique, patience serait à prendre, et des efforts désespérés devraient être tentés. Mais il n'en est rien ; les marchés américains auront certes une grande importance, et, si tout espoir de domination y est perdu pour nous, nous devrons y conserver des relations qui ne manqueront pas d'être utiles; mais ce n'est plus là que nous devons chercher les grands avantages commerciaux, ce n'est pas là que nous acquerrons la prédominance maritime, ce n'est pas là que se créera notre influence politique.

Une révolution complète se prépare dans le système commercial des états européens; nous assistons à une immense révolution qui changera peut-être tous les rapports des peuples. Le vieux monde se reconstitue; il reprend, pour ainsi dire, la forme qu'il avait dans l'antiquité, celle qu'il avait encore au moyen-âge. Il redevient Méditerranéen, et, par un bonheur de position, l'intérêt de la France est aussi Méditerranéen. Il y a péril à l'ignorer. Nous ne devons plus songer aux établissements par-delà le grand Océan : c'étaient là les pensées d'un autre âge ! Aujourd'hui ce seraient des rêves, rêves funestes, car ils nous détourneraient des réalités sur lesquelles doit se fonder notre gloire; ils diviseraient nos forces lorsque nous ne pouvons acquérir de puissance qu'en les ressemblant et en les disposant conformément aux exigences pressantes de notre époque. Il y a à choisir pour nous, entre l'Océan et la Méditerranée: l'Océan, où nos vaisseaux seront éparpillés, sans point d'appui, sans ports de salut, sans base d'opérations, rencontrant partout des rivaux toujours ravitaillés, toujours secourus et abrités; la Méditerranée que nous enveloppons en partie de nos côtes françaises et algériennes, où la Corse s'avance comme un promontoire, où les distances sont telles que nous ne perdons, pour ainsi dire, pas nos flottes de vue, où nous pouvons obtenir des alliés comme l'Espagne, la Grèce, l'Egypte, la Turquie, où les événements doivent donner des récompenses à ceux qui seront en mesure, où toute la puissance commerciale de l'Europe va se concentrer de nouveau par une inévitable nécessité.

Maîtresse de l'Asie, de l'Afrique et d'une partie de l'Europe, ayant asservi jadis l'Espagne, n'ayant laissé de libre que la côte française et italique, la force musulmane excluait évidemment l'association chrétienne de la Méditerranée, et cela arrivait quand un nouveau monde était donné aux peuples occidentaux, et que de nouvelles routes s'ouvraient devant les aventureux conquérants des Indes: alors l'Europe devait tourner ses vaisseaux vers l'océan atlantique.

Aujourd'hui la puissance qui fit douter la chrétienté

de ses destinées jonche de ses débris les côtes et les îles de cette mer qu'elle avait envahie, et cela arrive, quand le Nouveau-Monde n'est plus à prendre et que les Indes sont prises, quand nous découvrons et les chemins de fer et la vapeur, la vapeur qui est faite pour cette mer aux mille points de relâche, et qui pourra remonter les affluents du golfe persique; les chemins de fer qui permettront aux rapides caravanes de chariots traînés par une force nouvelle de sillonner, comme des flottilles nombreuses, l'isthme qui nous sépare du golfe arabique; tout cela arrive encore quand la Russie, en position de tout acquérir, et l'Angleterre, assez virile pour tout défendre, ont choisi pour champ de bataille cette mer qui baigne nos côtes et où nous sommes posés comme médiateurs tout-puissants. C'est là qu'il faut rallier nos escadres.

Il n'y a pas à rester oisif dans ces luttes immenses qui s'apprêtent: il y a à consolider et clore d'une manière plus parfaite ce bassin occidental de la Méditerranée dont nous tenons les plus belles rives et qu'on peut appeler la mer française; il y a à voir si nos communications avec l'Algérie sont aussi complètes que possibles; il y a à se souvenir que Bone n'est pas loin de cette admirable position d'où Carthage dominait toute la mer qu'on va se disputer comme au temps des guerres puniques; que Chypre est vis-à-vis des bouches du Nil et des routes qui conduiront à l'Euphrate; que Candie et Rhodes ferment les mers de l'Archipel et servirent long-temps de boulevard à l'Occident, et qu'enfin les châteaux d'Asie ou d'Europe qui bordent les Dardanelles seront peut-être à prendre.

Notre politique est toute tracée, les évènements nous sont propices: à nous à décider si nous voulons en profiter.

Le mouvement est déjà commencé à notre insçu, et

comme par l'effet d'une nécessité suprême, nos forces se sont repliées, et ont pris une autre direction : Toulon l'emporte sur Brest, Marseille sur Bordeaux, Alger sur les Antilles : l'instinct des masses a accepté les conditions de notre siècle ; la conscience publique s'est rendue à l'évidence : d'innombrables clameurs se sont élevées contre Alger, elle a adopté Alger sans hésitation ; des intérêts ardents ont combattu en faveur des Antilles : elle a dédaigné les Antilles. Ainsi se formulent les destinées ; nos côtes méditerranéennes ont pour elles l'avenir ; nos possessions transatlantiques n'ont déjà plus à parler que de leur passé !

Et voyez comme tout est favorable à la France dans le système que les évènements semblent avoir hâte de faire éclore : l'industrie appartient au Nord ; voilà qu'un irrésistible mouvement va porter le commerce au Midi, si peu propre à la production manufacturière ; on se plaignait que Paris, ce centre immense d'opérations commerciales, appartenait à la zône septentrionale. Voilà que Marseille grandit d'une manière colossale, et que, s'unissant à Lyon, qui lui ouvre nos provinces de l'Est et l'Allemagne, il va équilibrer la production de nos richesses. Bordeaux se plaint, il fait entendre d'incessantes doléances ; les yeux fixés sur nos Antilles, dont tous les jours la situation est plus précaire, il ne voit pour son port que ruine et désastre ; il veut ignorer la part que les évènements lui assurent dans le système qui sort des nécessités présentes : Bordeaux doit servir de point d'échange entre le Nord et le Midi ; il doit être l'entrepôt de l'Occident et de l'Orient. Bordeaux doit périr s'il ne veut vivre que du commerce de la France avec ses colonies ; il doit vivre s'il veut se rattacher aussi à la Méditerranée, s'il veut songer qu'il est sur la voie qui unit les deux mers, s'il veut s'occuper du canal latéral de la Garonne et du chemin de fer qui l'unirait à Marseille, au lieu de jalouser cette cité prédestinée, de lancer périodiquement anathème sur nos conquêtes d'Afrique, de blasphémer contre le Nord, dont l'industrie doit alimenter le commerce du Midi, d'être en opposition avec tous les intérêts actuels, d'évoquer sans cesse le passé, de barrer à la France les voies nouvelles où l'appellent son génie, sa position, l'invincible marche des évènements, et d'oser demander à couper en deux parts la plus forte nationalité de l'Europe, comme si les éléments qui la composent n'étaient pas unis par les plus heureux rapports et par les nécessités d'une mutuelle dépendance.

Il est temps que cette ville, unique en ses prétentions, qu'on est sûr de voir présenter en toute circonstance son intérêt en opposition avec les intérêts de la France du XIX.e siècle; il est temps enfin que cette ville se mette à vivre avec nous et dans notre temps, consente de regarder comme mort ce qui est mort, et veuille bien exploiter les sources de prospérité que l'immense révolution qui s'apprête pour le commerce lui a préparées. Que Bordeaux remonte son fleuve au lieu de regarder immobile les Antilles qui périront ou changeront de forme, il n'y a pas à lutter contre les évènements qui nous pressent ! La civilisation européenne a été expulsée des rives méditerranéennes qu'elle avait dominées, et comme appelée par un monde nouveau qui s'élevait à l'Occident ; aujourd'hui, ce monde occidental affranchi, tout plein de sève et de vie, nous repousse, et l'Orient plie sous nos efforts et s'abaisse devant nous : il n'y a pas à hésiter; ce n'est pas une résolution qu'il faut prendre : le flot nous porte, il faut le suivre.

Dans ce grand reflux de la civilisation, du commerce, de la politique, nous le demandons, que peut devenir notre métropolitanisme atlantique ? que peuvent produire les sacrifices que nous devrons faire pour des colonies fondées sur un système qui s'écroule? quels résultats obtiendrons-nous si nous laissons distraire notre pensée et disséminer nos vaisseaux, quand les nations qui ont des prétentions à la prépondérance dirigent toutes leurs forces et leur attention vers des contrées où nous occupons les plus belles positions ?

Nos Antilles pourront être d'utiles comptoirs; des points de relâche avantageux pour ceux de nos vaisseaux qui iront commercer avec un monde qui s'élance dans les voies de la prospérité; elles pourront demeurer réellement productives et devenir d'une conservation possible si elles abandonnent les principes exceptionnnels et barbares sur lesquels est fondée leur organisation sociale; mais hors de là il n'est pas de salut pour elles. Il ne faut pas oublier un instant que la production du sucre exige l'esclavage, que l'esclavage exige une protection qui deviendra tous les jours plus onéreuse pour la métropole et tout-à-l'heure impossible; que leur valeur commerciale doit inévitablement subir les conséquences de ces faits, et que leur valeur politique est déjà disparue.

Voilà sous quel point de vue il faut considérer nos colonies transatlantiques.

Nous avons vu ce qu'elles sont dans le présent, ce qu'elles seront dans un prochain avenir. Nous devons examiner maintenant les intérêts qu'on voudrait anéantir pour entretenir leur vie un instant de plus.

IV.

IMPORTANCE ACTUELLE DES SUCRERIES INDIGÈNES.

Long-temps la fabrication du sucre de betterave est restée dans l'enfance, incertaine dans sa marche, inhabile en ses procédés. Mais les investigations scientifiques, un travail opiniâtre, d'énormes capitaux employés ont assuré son succès : elle constitue aujourd'hui une industrie d'une haute importance. Nous n'en voulons pour preuve que la persécution violente que sa rivale suscite contre elle.

Production des sucreries indigènes.

Les fabriques indigènes produisent aujourd'hui 50 millions de kilogrammes de sucre, c'est-à-dire les 5/8 de ce que produisent les quatre colonies sucrières; si la production de ces dernières doit fixer l'attention, on ne doit donc pas perdre de vue celle de notre sol.

Nombre des ouvriers employés.

On évalue, par les calculs les plus modérés, que le nombre des ouvriers occupés aux travaux agricoles et manufactriers, et celui des personnes intéressées directement dans les fabriques est de 356,000 : nous avons dit que les quatre colonies sucrières n'ont que 360,171 habitants, parmi lesquels 77,000 seulement sont libres ; 50,000 seulement sont blancs; 45,000 sont français, 7 à 8,000 sont intéressés directement aux sucreries.

Aux ouvriers directs de fabriques il faut ajouter ceux des fabriques de noir animal, de poterie, de chaudronnerie, de vannerie, de machines, de toiles, les entrepreneurs de constructions, etc., etc.

Départements intéressés.

La culture de la betterave est déjà établie dans 37 départements, dont la population est de 16,297,457 habitants, c'est-à-dire égale à la moitié de la population de la France.

3 départements, par l'organe de leurs conseils généraux, ont émis des vœux défavorables à la culture de la betterave; 31 départements, dont 11 au midi de la Loire, ont émis des vœux en sa faveur. Parmi ces 31 départements 10 n'ont point encore de fabrique de sucre : il y a donc 47 départements qui votent en faveur de la sucrerie indigène, et 3 contre elle (1).

Parmi ces départements, cinq seulement, ceux qui réunissent le plus de fabriques, ont 1,086,510 propriétaires intéressés à la culture de la betterave, en raison de l'augmentation de leur revenu.

Les arrondissements de Lille et de Valenciennes ont, le premier, 64,186 ouvriers sucriers ou intéressés directs à la sucrerie; le deuxième 51,211, c'est-à-dire qu'un seul arrondissement aurait plus de gens frappés par la ruine de la fabrication du sucre qu'il n'y a de blancs dans nos quatre colonies sucrières.

Avantages agricoles.

La culture de la betterave intéresse donc, dès à présent, en France, une nombreuse population, et une grande partie de territoire. Elle est aujourd'hui un élément essentiel de la prospérité publique, car les avantages qu'elle procure sont considérables, en même temps qu'ils sont multipliés.

Il est à peu près inutile de les énumérer ici : tant de fois on les a fait connaître que nous pourrions nous dispenser d'en parler encore. Cependant, pour ne pas laisser notre argumentation incomplète, nous les énoncerons d'une manière très-rapide.

Il semble que la betterave ait voulu réaliser toutes les

(1) Ces faits statistiques sont donnés avec détail dans la *Flandre agricole et manufacturière.*

exigences des théories agricoles. Pour donner la fécondité au sol de la France qui, sur la plus grande étendue de sa surface, ne porte guère que des céréales, on cherchait une plante assez différente de celles qui sont habituellement cultivées pour amener une heureuse variété dans l'assolement, qui exigeât les labours et les engrais nécessaires à une rotation régulière, et fût assez productive pour les payer; qui demandât des sarclages réitérés, afin de débarrasser la terre des herbes parasites qui l'épuisent, de lui donner, par ces travaux renouvelés, tous les avantages d'une jachère, et de supprimer par conséquent la fâcheuse méthode qui rend un tiers du sol improductif. On demandait que le produit obtenu pût être assez peu encombrant pour être conduit avec facilité aux lieux de consommation avec les moyens de transports dont disposent la plupart de nos campagnes. La plante qu'on cherchait devait servir abondamment à la nourriture des bestiaux, après avoir fourni un principe utile à l'homme, car en France, en considérant le prix des terres et celui de la viande, on ne peut cultiver les campagnes avantageusement, dans l'unique but d'élever le bétail. Cette plante remplirait surtout son but si, après avoir perdu un de ses principes, elle était plus propre encore à la nourriture des animaux, si elle devenait plus nutritive. Jouissant de ces avantages, elle rendrait le service le plus éminent au pays : les bestiaux élevés par son aide fourniraient les engrais dont notre terre a besoin et la viande dont manquent nos populations ouvrières.

Ce n'était pas assez : l'agriculture, par la nature de ses travaux, a des époques de chômage; ses bêtes de somme sont sans emploi, ses ouvriers sans ouvrage; on cherchait à utiliser les forces qui restent oisives et à les rendre conséquemment moins dispendieuses; on désirait que la culture amenât à sa suite une industrie qui utilisât tous les moyens de production quand ils sont forcément disponibles, qui occupât les ouvriers quand la misère des saisons mortes pèse sur eux, qui les exerçât à des travaux plus délicats, plus intelligents, plus propres à leur faire connaître les ressources de tous les arts et les applications des sciences; qui fixât dans les campagnes des hommes possédant toutes les connaissances physiques, chimiques, mécaniques qui sont d'une utilité universelle, appliquant leur intelligence cultivée à l'exploitation des campagnes, y transportant l'habitude d'une comptabilité régulière, les avantages d'une correspondance active avec le monde industriel, leurs connaissances acquises et le désir de mettre en pratique et soumettre à l'expérience tous les faits signalés par les corps savants, donnant chaque jour de nombreux exemples de perfectionnement, répandant partout l'instruction, important les instruments de plus en plus parfaits qui sont inventés dans les diverses régions; formant pour leurs établissements des constructeurs en tous genres, qui bientôt emploieront pour le public l'habileté qu'ils auront acquise.

De plus, il fallait attirer dans les campagnes de nombreux capitaux sans lesquels tout progrès est impossible, sans lesquels tout travail avorte et reste stérile.

Les conséquences de tout cela était de doubler le produit de la terre, de répandre les lumières et l'aisance dans nos villages, de rendre les plus obscurs et les plus éloignés en position d'entreprendre les travaux publics de première nécessité qui leur manquent, de créer de bonnes voies de communication, de fonder une école qui augmenterait encore la prospérité commune.

Alors les propriétaires, attirés par l'exemple, excités par l'appât des bénéfices, par la commodité et la facilité des chemins, par les changements de la vie sociale des campagnes, viendraient, eux aussi, se fixer sur la terre qu'ils ont négligée, et à laquelle l'œil du maître, son intelligence, son aisance, et son amour domanial peuvent donner une double valeur.

Telles étaient les nécessités de l'agriculture ; tels étaient les résultats qu'on obtiendrait, si l'on pouvait remplir les conditions exigées.

L'établissement de la culture de la betterave a pleinement satisfait aux exigences théoriques qui paraissaient plutôt spéculatives que réalisables. Cela est maintenant réduit en faits ! On peut voir les communes qui ont une sucrerie : là l'aisance est générale, la mendicité est disparue ; la fraude, cette cause démoralisatrice des départements frontières, est presque anéantie ; l'aspect des terres est changé, leur produit plus abondant et conséquemment leur valeur accrue ; tout se ressent de la présence de la manufacture, qui est comme une ferme modèle et une école industrielle ; le revenu public a suivi les progrès de la fortune particulière ; il n'est presque point de village qui ne puisse faire établir son pavé et qui ne songe à bâtir une école et à restaurer son église.

Tout cela peut se voir : il suffit de descendre dans les campagnes qu'a déjà fécondées l'industrie sucrière.

On a cependant nié les avantages de la culture de la betterave.

Objection relative à la fertilisation.

On a dit que cette plante, loin d'améliorer la terre, l'épuisait et la rendait pour long-temps improductive : l'expérience a fait justice de cette assertion toute gratuite ; le témoignage unanime des cultivateurs est maintenant acquis à l'assolement dans lequel entre la betterave. Il n'en peut être autrement : ce végétal varie les cultures exige des labours profonds, des sarclages réitérés; il va chercher sa nourriture là où ne pénètrent pas les plantes qui couvrent habituellement nos champs; il fournit une nourriture abondante aux bestiaux, par les feuilles et les résidus des fabriques, et reproduit ainsi plus de fumier qu'il n'en a demandé; il est reconnu, de plus, que si la feuille n'est point consommée par les animaux, elle constitue la moitié de l'engrais exigé pour une terre bien cultivée.

Objection relative à la nourriture des bestiaux.

On a dit aussi que la betterave ne servait pas à nourrir une plus grande quantité de bestiaux, et la raison qu'on donnait, c'est qu'il est entré plus de bestiaux depuis qu'elle est cultivée en grand dans le département du Nord. Le fait annoncé est réel, mais, loin de prouver que la betterave n'a point l'avantage que nous avons annoncé, il le rend évident. La France ne fait pas assez d'élèves, de sorte que, pour s'approvisionner du bétail dont elles ont besoin, nos usines agricoles sont obligées de recourir à l'étranger; elles introduisent des bêtes *maigres* et les rendent à la consommation engraissées convenablement.

Objection tirée de la situation agricole de l'Angleterre.

Quelques personnes, sans nier les avantages de la culture de la racine qui alimente nos sucreries, pensent qu'elle n'est pas nécessaire à la prospérité de nos campagnes; elles fondent leur opinion sur l'exemple de l'Angleterre, dont l'agriculture est arrivée à un admirable degré de perfectionnement, sans avoir recours à la fabrication du sucre. Cela est encore vrai, mais cela ne prouve rien contre la nécessité que la France éprouve de se livrer à cette fabrication, car les deux pays n'ont aucune ressemblance.

En Angleterre, les voies de communication sont innombrables et variées, l'instruction est répandue, les capitaux accumulés; tout cela a été créé par les ressources d'un commerce extérieur immense. En France ces moyens de développement nous manquent et feront attendre leurs résultats pendant des siècles.

En Angleterre, l'éducation des bestiaux est favorisée par la consommation d'une nombreuse population, qui peut, avec facilité, faire entrer la viande dans son alimentation journalière ; le prix des céréales concourt à faire donner la préférence aux nourritures plus substantielles. En France, nous nous trouvons dans une position inverse.

En Angleterre, on trouve partout la grande propriété qui s'accommode parfaitement de vastes pâturages, parce qu'ils donnent de beaux produits avec peu de travail et de grands agréments au propriétaire résidant. En France, la terre est extrêmement divisée et se divise de plus en plus, circonstance tout-à-fait incompatible avec l'éducation des bestiaux conformément à la méthode anglaise.

En Angleterre, le climat est parfaitement propre au genre de culture qu'on y a adopté : son humidité perpétuelle et l'absence de variations extrêmes dans la température y font verdir sans cesse les prés et permettent de laisser les animaux en pâture pendant toute l'année. En France, dans les parties septentrionales, la rigueur des hivers force à renfermer le bétail dans des étables pendant près de six mois et à l'y nourrir à grands frais ; dans les régions méridionales le printemps n'est pas achevé que la terre est sans verdure et la nourriture du gros bétail impossible. Il est donc de toute évidence que les méthodes employées avec succès dans un pays ne peuvent être adoptées dans l'autre, et qu'une imitation servile des usages de nos voisins ne pourrait manquer de nous être funeste.

A ces considérations, il faut ajouter qu'il n'est nullement démontré que la culture de la betterave n'aurait point été utile à l'Angleterre ; mais cette grande puissance, dominatrice des mers, propriétaire de nombreuses colonies propres à la culture de la canne, jouissant des bénéfices d'un commerce extérieur colossal, a eu, pour défendre la culture de la betterave, des raisons qu'assurément nous n'avons pas.

Objection tirée du peu d'étendue de la culture de la betterave.

Lorsqu'on a été réduit à reconnaître l'immense influence que la culture de la betterave a sur la fécondité du sol et l'intérêt que la France avait à voir se propager un assolement si bien approprié à sa position, on a employé un autre genre d'arguments : on a cessé de nier les avantages, mais on a dit qu'ils ne pourraient jamais être considérables, parce que, en aucun temps, la betterave ne pourrait avoir d'action sur une vaste étendue de terrain, qu'il fallait un petit nombre d'hectares pour produire tout le sucre dont la France avait besoin, que forcément les sucreries seraient concentrées dans quelques départements privilégiés. Vraiment, l'importance actuelle de la sucrerie indigène suffirait déjà bien pour lui assurer la faveur et la justice qu'on demande pour elle, et sans savoir ce qu'elle produira dans les temps futurs on est en droit de réclamer pour elle la part de protection qui appartient à tout intérêt important. Mais nous devons déclarer que son avenir, qu'on attaque, sera si fécond, que lors même que les avantages présents seraient nuls, les espérances qu'elle donne suffiraient pour forcer à accorder les plus grands encouragements à la plus précieuse de nos industries agricoles. C'est ce que nous nous réservons de démontrer dans un instant, quand nous traiterons de l'importance future de la sucrerie indigène.

Enfin, les adversaires de cette industrie, ne niant plus les avantages agricoles, ont dit qu'ils étaient bien compensés par les pertes causées par une fabrication qui ne peut vivre qu'au moyen d'une protection énorme, que c'était une grave erreur économique que de vouloir produire une denrée si chèrement, quand la France pouvait s'approvisionner à meilleur marché.

Vraiment, il est curieux de voir les rivaux de nos sucriers les poursuivre, en disant qu'ils ne fourniront jamais au consommateur français du sucre à bon marché. Cela a vraiment quelque chose de singulier, car, si on les attaque, c'est précisément parce qu'ils ont fait baisser successivement les prix : si on veut l'anéantissement du sucre de betterave, c'est parce que c'est à lui qu'on doit les avantages dont jouissent maintenant les populations.

Il est évident que, dans les temps présents, la sucrerie indigène, loin de léser les intérêts du consommateur, lui a procuré d'immenses avantages.

De 1815 à 1831 les sucreries des colonies se sont fait concurrence à elles-mêmes; elles étaient en position d'augmenter toujours les quantités de leur production : par conséquent, à mesure que les quantités s'accroissaient, les prix devaient diminuer et, la baisse des prix excitant la consommation, les quantités ajoutées se trouvaient immédiatement employées.

Le tableau suivant montre qu'effectivement les choses se sont ainsi passées :

Années.	Production.		
1815.	17 millions de k.	Prix 1 80	le demi kilogramme
1817.	36 ————	1 60	de sucre raffiné.
1820.	48 ————	1 40	
1826.	71 ————	1 20	
1831.	80 ————	1 05	

Alors la production exotique était arrivée à son apogée; elle ne pouvait créer avec avantages de nouvelles cultures. De l'aveu des colons eux-mêmes, toutes les terres susceptibles de produire la canne étaient couvertes de cette plante : aussi voyons-nous qu'en 1837 la quantité de sucre venant des colonies ne dépasse guères 80 millions.

Or, la consommation est d'au moins 120 millions : qu'on juge du renchérissement que produirait l'absence des quantités nécessaires ! évidemment les prix retourneraient au taux de 1815.

C'est la betterave qui est venue combler le déficit et sauver le consommateur de la hausse énorme dont il était menacé.

En 1828 on n'a fabriqué que 2,685,000 k. de sucre indig.
En 1829 ——— 4,380,000 k.
En 1833-1834. ——— 7,295,900 k.

C'est alors que les colonies nous laissaient privées de l'approvisionnement nécessaire ; les fabriques indigènes sont venues en aide au consommateur ; elles ont mis sur le marché 44,903,500 k. de sucre.

Depuis cette époque, les prix, au lieu d'augmenter, vont toujours en diminuant.

En 1833	le sucre raffiné vaut	1 »	le demi-kil.
1834	———	0 97 1/2	
1835	———	0 95	
1836	———	0 92 1/2	
1837	(6 premiers mois.)	0 92 1/2	
Id.	(6 derniers mois.)	0 90	
1838	(6 premiers mois.)	0 87 1/2	
id.	(Juillet.)	0 85	
id.	(Août.)	0 82 1/2	
id.	(Septembre.)	0 80	
id.	(Octobre.)	0 80	
id.	(Novembre.)	0 77 1/2 à 0 80	

Il est aisé de voir quelle perte le consommateur fran

çais aurait éprouvée sans le travail de nos sucriers, en supposant le prix atteignant le taux de 1815 : c'est-à-dire 1 fr. par livre de plus qu'aujourd'hui : La France consommant 120 millions de k., et les colonies n'en produisant que 80 millions, elle manquerait de 40 millions de k., et payant ces 80 millions 2 fr. de plus par kil., elle dépenserait 160 millions de plus, dont profiteraient exclusivement nos colons.

Nous admettons qu'une telle exagération de bénéfice, qu'ont obtenu nos îles sucrières, paraîtrait aujourd'hui tellement exorbitante qu'on ne la tolérerait pas. On voudrait l'éviter en appelant les sucres étrangers ; cependant les colons, qui invoquent les principes absolus des économistes contre la sucrerie, ont bien su prouver alors qu'on leur devait une protection et qu'il était impossible de réduire le prix dont ils jouissaient sans contestation, et dont ils jouiraient certainement encore sans la sucrerie indigène ; il n'est pas douteux que leurs efforts ne parviennent à faire confirmer leur privilège dans toute sa plénitude.

Admettons cependant qu'on eût obtenu une forte réduction, les prix des sucres coloniaux seraient au moins retournés au prix où ils étaient en 1831, lorsque la production coloniale était déjà de 80 millions. Il était alors de 1 fr. 05 cent. la livre.

La différence avec le prix actuel est de 0,25 cent. par livre, ou 0,50 c. par kilogramme. Or, les colonies produisent 80 millions de kilogrammes, la France aurait perdu à ce taux 40 millions par an (1) et les colons obtien-

(1) Dans tous ces calculs nous admettons toujours 80 millions, chiffre de la production des colonies, et non 120 millions, chiffre de la consommation, parce que si la consommation se restreint à absorber la production

draient un prix double de leur prix. Ce n'est pas seulement le bénéfice qu'ils doivent faire qui serait doublé, c'est le prix total de leur denrée, frais de production compris, qui serait réellement deux fois plus grand. Quand le prix du sucre était à 1 fr. 80 cent., le prix qu'ils obtenaient était augmenté de quatre fois la valeur totale de leur produit. Cela est facile à démontrer.

D'après ce que nous avons dit, le colon doit obtenir par livre, pour tous ses frais et son bénéfice, 20 cent. Conséquemment autant de fois que le prix actuel sera dépassé de 20 cent., autant de fois le colon trouvera, en bénéfice, la valeur de son produit, premier bénéfice compris. (1)

---

coloniale, la France n'éprouve de perte réelle que sur les 80 millions indiqués; si la consommation, au contraire, reste la même, et si, pour la satisfaire, on appelle le sucre étranger, en le soumettant à un tarif tel que les sucres coloniaux puissent obtenir les avantages que nous mentionnons, les prix indiqués seront bien payés par les consommateurs, sur la totalité; mais la portion de l'augmentation afférente à tout ce qui dépasse 80,000,000 sera entrée dans les caisses de l'état pour être employée à l'avantage de tous; c'est, en définitive, comme si le consommateur n'avait point payé ce surplus, puisqu'il lui est rendu en services publics.

(1) Nous avons dit que le sucre étant au taux de 1831 (1 fr. 05 cent.), le prix obtenu par le colon n'était que doublé, parce qu'on a posé en fait qu'au prix actuel (0 fr. 80 cent.) le colon était en perte de 7 cent.; par conséquent, les 5 cent. excédant fournissent à peu près la compensation nécessaire. Pour que le double du prix que le colon doit obtenir d'une manière normale lui fût acquis pleinement, il faudrait que le prix remontât à 1 fr. 7 cent., comme, pour avoir le prix qu'on considère comme lui étant nécessaire, il faut que le prix du sucre raffiné soit à 87 cent.

En admettant ce prix comme nécessaire au colon, nous allons voir quelles ont été les pertes de la France, eu égard aux prix des années antérieures et aux quantités importées, tels que nous les avons indiqués ci-dessus :

En 1815	la perte du	consommateur	a été de fr.	31,620,000
1817	»	»	»	52,560,000
1820	»	»	»	50,880,000
1826	»	»	»	46,860,000

Argumentation des économistes.

En présence de tels faits les colons doivent être mal venus lorsqu'ils invoquent les théories abstraites sur lesquelles est fondée la liberté commerciale. Cependant l'argument tiré des principes économiques reste, et nous ne devons pas nous contenter de faire des récriminations contre les adversaires que nous rencontrons; nous avons l'obligation d'examiner l'argumentation en elle-même et indépendamment de la fausse position où se mettent les délégués coloniaux; car ceux qui ont mission de peser les intérêts nationaux sont en droit de dire qu'ils n'admettent pas qu'on laisse jouir à toujours les colonies sucrières de bénéfices exorbitants; ils déclarent qu'on aurait recours à la production étrangère, si la production indigène doit se trouver éternellement dans des conditions d'infériorité extrême. Nous trouverons même des hommes qui, admettant dans toute leur rigueur les principes de la liberté commerciale la plus absolue, pensent qu'il suffit que le sucre de betterave ait actuellement besoin d'une protection quelconque pour qu'on doive le repousser.

1831	»	»	»	28,800,000
1833	»	»	»	20,800,000
1834	»	»	»	16,000,000

Le sucre de betteraves arrive alors en grande quatité et diminue de plus en plus la perte faite par la France, perte qui n'était plus que de 20,800,000 fr. par an, en 1833 mais qui allait de nouveau suivre une progression ascendante, parce que la production des colonies était arrivée au maximum et que les besoins de la consommation augmentaient toujours.

Si nous admettions, pour combler les lacunes que nous avons laissées dans la série des années depuis 1815 jusqu'en 1834, que les années non mentionnées ont présenté une perte moyenne entre celle qui précède et celle qui suit, on trouverait que cette période de 20 années a fait éprouver aux consommateurs français une perte totale de 908,480,000, c'est-à-dire 45,424,000 fr. par an.

Si les personnes qui professent ces opinions étaient appelées à juger le débat qui s'élève aujourd'hui entre les divers producteurs de sucre, les colons n'auraient pas meilleure condition que les fabricants indigènes; les uns et les autres seraient frappés par l'inflexibilité du principe. Mais ce principe rigoureux n'aura pas la puissance de décider la question, il n'est pas accepté par notre pays; s'il devait servir de règle au jugement qui doit être prononcé, ce n'est plus la sucrerie qui serait en cause, c'est l'industrie française tout entière.

Conséquences.

Lorsque de tels principes seront considérés comme présidant à la législation française, il faudra changer, et tout à l'heure, notre système de douanes, abaisser toutes les barrières, abolir tous les droits, supprimer toutes les protections et conséquemment tout le travail national, car, sauf quelques industries assez restreintes, toutes les autres ne vivent qu'à l'aide de droits protecteurs: la sucrerie ne demande que ce que tous les travailleurs ont obtenu.

Certes, nous ne contestons pas les services que la science économique doit rendre aux nations, ni ceux qu'elle a déjà réellement rendus.

Exagération des théories.

Mais nous croyons fermement qu'on en a fait abus dans les deux sens: les partisans des prohibitions et ceux de la liberté illimitée ont été trop loin: les premiers en prétendant ne rien recevoir de l'étranger, quand certains produits pouvaient exciter cent fois plus de travaux nationaux qu'ils n'en arrêtaient; les seconds, en ne voyant pas qu'un peuple n'est pas riche parce qu'il acquiert à bon marché, mais parce qu'il sait produire.

Principes applicables.

Nous pensons qu'il est un seul principe véritable, c'est que la richesse d'un peuple dépend de son travail; que par conséquent il faut tendre à perfectionner toujours cette source de bien-être, en favorisant les travaux les plus lucratifs, les plus vastes, les moins exposés aux chances commerciales et politiques, les plus propres à distribuer uniformément les richesses nationales, afin d'obtenir de nombreuses populations fortes, morales, heureuses, aisées. Le but n'est pas de nous faire obtenir les produits de l'étranger à bas prix, c'est d'arriver à ce que la force productive de notre pays nous donne, en somme, la plus grande quantité de produits, au meilleur marché possible.

Ceux qui ont déclaré qu'il fallait admettre tous les objets étrangers à bon marché parce qu'on ne pouvait les obtenir que par des échanges, et que les marchandises au moyen desquelles on ferait les échanges seraient le produit du travail national, ceux-là ont incomplétement vu les choses : ils n'ont pas admis que la diverse situation des peuples pouvait rendre le travail de l'un impossible et faire fructifier celui de l'autre; ils n'ont pas reconnu que certains produits qui formeraient comme le patrimoine d'un peuple pouvaient avoir des limites et conséquemment être incapables de satisfaire à la totalité des échanges; ils n'ont pas senti qu'une nation, comme la nation française, n'est pas une association tellement homogène que chaque partie puisse faire ce que l'autre fera, et que Lille pourra faire du vin ou de la soie parce qu'on en fait à Lyon ou à Mâcon; ils n'ont pas reconnu ensuite que le produit qui semblerait propre à un peuple pourrait être trop abondant; qu'il serait refusé, conséquemment l'échange arrêté inévitablement; ils n'ont pas vu qu'alors les industries précédemment abandonnées resteraient dans l'impossibilité d'être reprises, puisque le capital qu'elles avaient placé en machines est anéanti, et que le pays qui aurait suivi cette voie se trouverait conséquemment appauvri;

ils n'ont pas su enfin qu'un peuple pouvait faire des échanges avec son capital, au lieu de les faire avec le revenu ou le produit du travail, et arriver ainsi à être ruiné bientôt à force de faire des acquisitions à bon marché.

Système de la France.

La France n'a pas adopté le système exclusif des économistes, et elle a bien fait. Nous n'approuvons assurément pas les exagérations du système prohibitif; nous accordons que l'intérêt général et la stimulation nécessaire de l'industrie exigent qu'on réduise la protection à ce qu'elle doit être rigoureusement; nous accordons qu'on ne doit des encouragements qu'aux industries qui peuvent prouver un travail progressif, et qui promettent, dans un avenir prochain, des avantages certains; nous admettons encore que dans la balance des intérêts rivaux, ce sont ceux qui demandent le plus de travail, et de travail lucratif, qui méritent la préférence; mais au-delà, il n'y a plus rien que désastres.

Ainsi, pour avoir droit à la protection qui fait la base du système français, une industrie n'a besoin que de prouver qu'elle a obtenu de notables améliorations, et que dans un temps peu éloigné, elle peut se promettre des perfectionnements tels que ses conditions de production soient au moins aussi avantageuses que celles de ses rivales. Cela admis, nous devons nous demander si les résultats de la sucrerie indigène ont été favorables, si elle est réellement en progrès, si l'avenir lui laisse de belles conquêtes à faire. Eh bien! nous nous en rapportons aux faits.

Le sucre de betteraves est dans les conditions voulues par le système français.

Le sucre de betteraves luttait péniblement avec le sucre colonial, alors que celui-ci coûtait 3 fr. la livre, et bientôt nos fabriques ont pu prendre une grande extension lorsqu'il valait 0,72 cent. Elles jouissaient de ce prix il y a deux ans, et depuis on l'a imposé de 11 fr. par 100 kil., il sera imposé de 16 fr. 50 cent. l'année prochaine; avec cet impôt a coïncidé une baisse énorme, de manière qu'en moyenne les produits de nos fabriques ne laissent aux producteurs que 0,38 c, par livre, sur quoi il faudra déduire encore les 5 cent. 1/2 pour le droit cette année, et 8 cent. l'an prochain. C'est-à-dire que la somme qui revient aux producteurs français de 0,72 c est tombée à 0,30 c. Et pourtant nos fabricants luttent courageusement contre une telle situation, ils demandent à la science, à un travail assidu, ingénieux, persévérant et continuellement inventeur, la puissance de résister à des circonstances faites pour détruire toutes les fabrications; ils s'épuisent en efforts pour donner leur produit à un prix que la France ni l'Europe n'ont jamais connu. Voilà la vérité, voilà les résultats des labeurs inouïs d'habiles et courageux industriels; avant de les frapper de mort, qu'on dise au moins quelles industries en France ont fait de pareils progrès, quelles ont mieux mérité la protection qu'on leur a accordée, quelles ont mieux justifié les promesses qu'elles avaient faites.

Avant de frapper, surtout qu'on sache bien qu'on n'a pas compté les profits que la sucrerie indigène a laissés dans la terre, et qu'on n'a pu faire venir en déduction du prix du sucre, parce que la position forcée dans laquelle cette industrie a été obligatoirement placée ne lui a pas permis de se les approprier. Ces profits ont été abandonnés au pays. Ainsi le prix *payé* du sucre de betteraves n'est pas le prix *réel* auquel est soumise la France, puisqu'elle doit faire déduction du bénéfice agricole qui lui est laissé.

De plus, la fabrication de sucre indigène, sans compter l'impôt imposé sur le sucre, a payé des droits sur toutes les consommations des ouvriers, elle a payé les contributions personnelles, mobilières et immobilières de tous ceux qui s'en sont occupés; de manière que le prix du sucre indigène doit être diminué du montant de toutes ces impositions, puisque son prix n'est aussi élevé que parce que pour le produire il a fallu acquitter tous les impôts.

Le sucre colonial, au contraire, n'améliore en aucune façon la production agricole de la France, ne fournit aucun impôt au trésor public; loin de là, il exige une protection énormément coûteuse. De sorte que son prix vénal, loin de devoir être diminué, doit être augmenté, puisqu'il n'est resté si bas que parce qu'on n'a pas porté à sa charge la dépense faite par l'état pour en permettre la production.

Ainsi, en définitive, aux prix actuels, le sucre indigène, diminué de la somme représentant les avantages agricoles dont il a favorisé la France, et les impôts qu'il a déjà payés directement ou indirectement, n'impose pas de sacrifice à la France.

Faisons quelques calculs pour arriver à la démonstration de cette vérité. Le sucre indigène obtient encore une protection de 16 cent. 1/2 à la livre, puisqu'il sera chargé d'un impôt de 8 cent. 1/4 l'an prochain, et que le sucre colonial supporte un impôt de 24 cent. 3/4. La protection de 50,000,000 de kilog. de sucre indigène représente donc une somme de 16 à 17 millions. Mais rappelons-nous que le service des colonies coûte à la France 9 millions; qu'à cette somme il faut ajouter une partie des frais des stations navales de la Martinique, de la Guadeloupe, de Cayenne, qui coûtent peut-être 4 à 5 millions, et encore une partie des primes de pêche qui s'élèvent à 3 millions; la totalité de ces sommes ajoutées au prix apparent du sucre colonial lui donne une compensation presque égale à la protection de 16 cent. Eh bien! nous admettrons qu'elle ne fasse compensation qu'au tiers à peu près de la protection. Mais, notons que si les 356,000 individus intéressés à la sucrerie indigène, les propriétaires dont les revenus sont augmentés, les industries accessoires dont les produits ont grandi, ont payé au trésor 5 millions, le deuxième tiers de la protection est soldé. Dira-t-on que la somme que nous supposons payée est trop forte ? Voici un calcul qui prouvera qu'elle est trop faible. Supposons que cette somme a été soldée par les seuls individus intéressés directement à la fabrication et qui sont au nombre de 391,000 : ils acquitteront 5 millions de contribution, s'ils versent au trésor pour leur consommation et l'exercice de leur industrie la somme de 14 fr. 5 cent. par tête; or, si les 33 millions de Français n'étaient imposés qu'à une pareille somme par tête, la somme perçue par le trésor ne serait que de 463,650,000 fr. Il est donc évident que la population employée à la production du sucre a payé plus que nous n'avons annoncé et que, par conséquent, de ce chef, un deuxième tiers de la protection est effacé.

Maintenant, voyons si les bénéfices agricoles n'auront pas entièrement acquitté la sucrerie indigène : elle a fourni 50 millions de kilogrammes de sucre. Pour cela, en faisan entrer la betterave dans un assolement quadriennal, elle aura employé 132,000 hectares de terre. Admettez qu'elle aura augmenté le produit annuel de ces terres de 38 fr. par hectare; elle aura donné au pays 5,016,000 fr.; c'est la compensation du troisième tiers de la protection.

Si cela n'était pas suffisant, si l'on trouvait que nous avons exagéré nos calculs ou que nous avons adopté des éléments qu'il fallait omettre, nous mettrions en avant les avantages indirects de la culture de la betterave e ses résultats moraux; si ce n'était assez, nous viendrions demander encore si les services personnels que la population sucrière accorde pour la défense du pays ne peuvent être portés en ligne de compte; et, si enfin il restait quelques centimes de protection qui ne fussent pas effacés par les tributs multipliés qu'ont payés les producteurs indigènes, nous demanderions si l'industrie qu'on poursuit n'est pas aussi digne de protection que toutes les autres, s'il en est une qui ait fait plus de progrès dans un plus court espace de temps, s'il en est une qui donne plus d'espérances fondées, si les intérêts rivaux méritent qu'on fasse contre elle une exception à la loi commune. Non! il ne sera pas possible de proscrire la culture de la betterave, en invoquant la rigueur des principes de la science économique. A ce titre, il ne faudrait plus laisser vivre pendant une heure, une seule des industries nationales.

Nous dirons donc, avec pleine conviction, que parmi les productions françaises qui méritent protection, la sucrerie, peut-être, est celle qui en est le plus digne. Nous ne nous laisserons pas arrêter par un sophisme qu'on met en avant pour lui refuser la position relative qu'elle a aujourd'hui avec la production coloniale : on dit qu'il faut imposer les produits *similaires similairement*, qu'il n'y a aucun motif pour que le sucre des colonies françaises soit plus imposé que le sucre de la métropole française. On dit que les lois de douanes ont pour but de protéger un produit national contre un produit étranger, et on demande s'il y a une raison pour accorder une préférence à deux produits qui sont tous deux français. Mais, oui, vraiment, il y a une raison pour ne pas considérer comme identiques deux produits qui, *chimiquement* similaires, sont, *industriellement* parlant, tout-à-fait dissemblables. Cette raison, c'est le plus grand intérêt de la France, c'est le plus grand avantage qu'en somme le pays trouve à produire l'un plutôt que l'autre sucre. Les discussions dans lesquelles nous sommes entrés montrent où est notre plus grand intérêt ; elles nous disent s'il vaut mieux enrichir outre mesure les colonies, ou doubler la valeur du sol national.

Nous venons d'indiquer les faits qui établissent la valeur actuelle de la sucrerie indigène et qui annoncent déjà l'importance qu'elle est susceptible d'acquérir. Suivons-la, dans l'avenir : il nous sera facile de voir tout le développement qu'elle comporte, et d'apprécier la manière dont elle paiera la protection qu'on lui accorde aujourd'hui et qu'elle a déjà méritée.

V.

IMPORTANCE FUTURE DES SUCRERIES INDIGÈNES.

Pour montrer l'mportance future des sucreries indigènes, nous avons deux faits principaux à établir ; ce sont :

La possibilité de perfectionner la production sucrière de France à tel point que les prix de revient baissent sensiblement ;

La possibilité d'étendre à une vaste étendue de terre les améliorations agricoles qu'on attend de la culture de la betterave.

Nous devons nous attacher à ces deux points fondamentaux, parce que ce sont ceux qui ont été le plus vivement contestés.

Progrès futurs de la fabrication.

Cherchons d'abord à savoir si les progrès futurs de la fabrication sont assez probables pour qu'on puisse raisonnablement compter sur un abaissement de prix, et conséquemment sur une diminution, ou même sur une abolition de la protection.

Point de départ.

Rappelons d'abord que le prix obtenu par le fabricant, qui d'abord était très-élevé, est descendu à 0,38 c., à Paris, et que ce prix, comme nous l'avons prouvé, doit être considéré comme moindre, en raison de l'impôt que paie le sucre, des avantages laissés à la production agricole et des impôts fonciers, personnels et de consommation que paient les producteurs, circonstance qui n'a pas lieu pour le producteur colonial, qui ne verse pas d'impôts dans le trésor national, qui, au contraire, exige de la France une protection excessivement coûteuse.

Obligation inévitable de perfectionnements.

Cela dit, voyons si les perfectionnements attendus nous doivent donner l'espérance bien fondée qu'ils seront inévitablement réalisés. D'abord, constatons bien un fait, il faut bien que le producteur français compte sur des perfectionnements prochains, car le prix de 0,38 c. qu'il obtient de son sucre le laisse en perte, puisque son prix de revient s'élève encore d'une manière générale, à 0,40 c.; que de plus le droit de 0,05 c. 1/2, qui pèse cette année sur le sucre indigène, n'a pas été défalqué, et que l'an prochain le droit sera de 0,08 c. 1/4: il y aura donc alors pour le fabricant une perte de 25 pour 100. Ainsi, soyez tranquilles, au prix actuel, il faut, ou que le producteur français abandonne sa fabrication, ou qu'il la perfectionne; conséquemment on est assuré que la protection qu'on lui accorde ne saurait être onéreuse au consommateur. Sans doute les prix peuvent se relever, mais alors les colons seront satisfaits, et d'ailleurs les prix n'atteindront jamais un taux suffisant, non-seulement pour faire disparaître la perte, mais pour faciliter un bénéfice. La protection est donc réduite à ce point que, sans un progrès immédiat, elle cesse d'agir d'une manière suffisante; ainsi, pas de lésion pour la France. Le prix actuel du sucre indigène, lorsqu'on le considère dans *sa réalité*, n'est probablement pas différent de celui de l'industrie rivale, et si le prix de revient ne baisse pas, la fabrique intérieure devra arrêter ses travaux; elle a, sous peine de mort, besoin de progrès.

Outre la nécessité, d'autres considérations nous prouvent que ces progrès s'effectueront.

Économie résultant du changement de localités.

La sucrerie indigène obtiendra des facilités et une économie considérable rien qu'en changeant de localité; d'inévitables causes l'ont concentrée primitivement dans le département du Nord; elle obtiendra évidemment de meilleures conditions quand, par une extension insensible, mais indispensable, elle aura pu gagner les contrées où le prix de la main-d'œuvre et des terres est très-bas, pays dans lesquels elle n'a pu pénétrer encore, par des raisons qu'il est facile d'apprécier.

Empêchements au changement de localités.

Il n'était pas possible, en effet, de cultiver la betterave dans les contrées où les populations ignorent les méthodes rationnelles de l'agriculture, où les assolements ne sont pas compris, où les labours ne pourraient être opérés, où l'on ne trouverait personne pour sarcler soigneusement les champs; il n'est pas possible d'arriver à des résultats profitables dans des cantons où la terre n'est pas préparée, où les premiers engrais manquent, ainsi que les instruments indispensables.

Là où les terres n'ont point une grande valeur, on peut être assuré que là manquent les communications, là manquent la population, les débouchés et les moyens d'approvisionnement de toutes choses; on peut être assuré aussi que les terres qui semblent présenter des avantages en raison du faible loyer qu'on en réclame, exigeront une dépense énorme pour être mises en bon état de rapport.

Si la création de la matière première était impossible dans les lieux où l'agriculture n'est point avancée, la fabrication n'était pas plus praticable dans les lieux sans industrie : là on manque d'ouvriers façonnés aux opérations industrielles, animés de cet esprit particulier et doués de ce savoir-faire qui seuls font réussir les entreprises ; là on se trouve dépourvu de tous les objets de première nécessité, de toute facilité pour construire ou réparer les appareils, de tout moyen de communication, de tous capitaux, de tout débouché pour les produits principaux ou les résidus.

Dans les lieux où la main-d'œuvre est à bon marché, la population est peu abondante ; elle suffit seulement aux travaux ordinaires ; s'il y a un excédant, il est si faible que la moindre demande rend les ouvriers excessivement rares et aussitôt très-exigeants et très-chers ; il n'y a pas, comme dans les cantons industrieux et peuplés, une masse flottante de travailleurs, dans laquelle une fabrique de plus peut facilement trouver les bras dont elle a besoin. Les ouvriers de ces contrées, peu intelligents et peu exercés, gagnent moins qu'ailleurs, mais produisent moins encore ; de sorte qu'il y a perte, même lorsque le surcroît de demande n'a pas fait hausser les salaires ; à plus forte raison lorsque le prix de la main-d'œuvre a été exagéré par le besoin du fabricant, qui a épuisé promptement les faibles ressources du pays.

Aussi, le plus grand nombre des fabriques qui ont été construites dans les pays dont l'industrie et l'agriculture étaient arriérées ont presque toutes succombé, malgré les avantages qui semblaient inhérents à ces régions, parce que ces avantages étaient plus que compensés par des inconvénients d'une autre nature ; si des fabriques ont résisté, elles ont coûté plus et ont rapporté moins que celles qui se trouvaient dans des conditions opposées.

La sucrerie est donc née et a dû naître dans le Nord; elle ne pouvait se développer que dans cette terre classique de l'industrie et de l'agriculture; c'est de là qu'elle doit partir pour se répandre sur toute la France. N'est-ce pas dans notre vieille Flandre qu'a pris naissance la méthode des assolements bien combinés ? N'est-ce pas là que se sont créées les prairies artificielles ? N'est-ce pas dans ses riches campagnes que s'est établie la culture du tabac, du colza, qui maintenant s'est répandue dans toutes les parties de la France.

Possibilité progressive des changements de localités.

Ainsi fera la betterave; elle a été confinée à sa naissance dans les lieux qui pouvaient favoriser ses faibles progrès; elle y a grandi, elle y a acquis les forces nécessaires pour prendre son essor, et déjà elle s'élance de son berceau pour se répandre dans les champs qui ont besoin d'elle, mais qui ne pouvaient l'enfanter; elle a pénétré dans la moitié de nos départements, elle arrive enfin aux lieux où elle peut rendre les plus grands services, et où elle-même trouvera le plus d'avantages définitifs.

Economie résultant du perfectionnement des procédés.

Ce changement sera, sans doute, la moindre cause de celles qui assureront les améliorations de la sucrerie. Une industrie dans laquelle les producteurs ont montré une persévérance si inébranlable, un zèle si soutenu et si éclairé, un esprit d'étude si puissant que tous les phénomènes de la fabrication sont sans cesse observés, discutés, analysés, une volonté si forte de réussir que toutes les indications de la science sont toujours écoutées, les appareils changés, les méthodes modifiées, une telle industrie ne peut manquer d'obtenir de brillants et utiles succès : son passé est là pour nous garantir l'avenir. Elle a traversé les circonstances les plus difficiles avec un courage invincible. Commençant par des procédés énormément dispendieux, elle est arrivée à des résultats tels que les colonies en sont effrayées; frappée d'un impôt considérable, au lieu d'être abattue et languissante, elle a redoublé d'efforts; elle a cherché dans des perfectionnements de toute nature des moyens de résister aux coups qu'on lui portait; ainsi nous voyons dans toutes les fabriques des moteurs nouveaux substitués aux anciens, des appareils à cuire dans le vide, conçus d'après des données diverses, se substituer à ceux qu'on employait autrefois; des usines nouvelles s'établir pour tirer le meilleur parti possible des résidus, soit en perfectionnant les distilleries, soit en cherchant des principes utiles dans les marcs, etc. C'est une émulation universelle parmi les hommes qui ont voué leur vie à une industrie qui est la gloire de la France et qui semble née pour faire taire enfin cette accusation d'inconstance et de légèreté qu'on dirigeait contre notre nation : l'esprit qui anime nos industriels mérite et obtiendra un beau succès; on n'en saurait douter.

Augmentation du rendement.

Le doute, en effet, ne peut exister : car il reste un long espace à parcourir dans la voie des perfectionnements. Tous les jours de nouvelles espérances se révèlent : nos fabricants doivent compter qu'ils obtiendront un rendement plus considérable, non pas qu'ils tirent jamais de la betterave des quantités de sucre approchant celles que l'analyse chimique annonce y exister, quantités qui s'élèvent jusqu'à 10 pour °/₀, et qui même atteingnent 14 pour °/₀ en quelques circonstances, selon les expériences de M. Peligot; mais les fabricants doivent croire qu'en perfectionnant leurs procédés, ils obtiendront plus de 4 à 5 pour cent du poids de la racine, quantité qui est ce qu'on extrait actuellement.

Mais ce n'est pas seulement la quantité du sucre obtenu

Amélioration des quantités.

qui fera leur bénéfice et conséquemment l'abaissement possible du prix, ce sera surtout la qualité de leurs produits : dans l'état actuel de la fabrication, le sucre tiré de la betterave se compose de 1/3 de celui dit de bonne quatrième, au prix de 58 francs (novembre 1838 à Paris) les 100 livres ;

1/3 d'ordinaire quatrième au prix de 55 ;

1/3 de basses qualités au prix commun de 28 fr.

De sorte que le prix moyen du sucre n'est que de fr. 46, 81, c'est-à-dire 11 francs 19 cent. au-dessous de la bonne quatrième ; il n'est pas douteux qu'en laissant aux manufacturiers le temps rigoureusement nécessaire, ils n'arrivent à des changements heureux ; une plus grande partie des sucres se rapprochera de la bonne quatrième, de sorte que le fabricant, obtenant de meilleurs produits, et conséquemment une moyenne plus élevée, pourra diminuer réellement le prix. Ainsi, supposons que, par une meilleure fabrication, la moitié de l'ordinaire quatrième obtenue actuellement passe à l'état de bonne quatrième et la moitié de basses qualités à l'état d'ordinaire quatrième, on aura :

3/6 bonne quatrième à 58 fr.
2/6 ordinaire quatr. à 55
1/6 basses qualités à 28.

Prix moyen, 52 francs au lieu de 46.

De telles espérances n'ont rien d'exagéré, car les colonies obtiennent :

1/6 de belle quatrième à 62 fr., à Paris.
1/3 de bonne quatrième à 60.
1/3 de bonne ordinaire à 58.
1/6 au-dessous de bonne ord. à 56.

De sorte que leur prix moyen est de 59 francs à Paris, ce qui donne 53 au Hâvre.

En obtenant ces améliorations, le fabricant pourrait baisser les prix, en conservant plus de bénéfice.

Le parti qu'on peut tirer des produits inférieurs comme les mélasses devient aussi plus avantageux, et offrira une nouvelle source d'avantages.

Autres améliorations à obtenir.

Il reste donc de beaux perfectionnements à conquérir; tous les jours on gagne quelque chose, on approche du but; on ne tardera pas à l'atteindre : on n'arrivera pas dans les ateliers à la perfection qu'on obtient dans les laboratoires de chimie, mais tant d'améliorations ont été obtenues, et tant de choses qui restent encore à obtenir sont poursuivies avec ardeur que de grandes espérances nous sont laissées. Ainsi, par diverses méthodes, par celle de la dessiccation, par exemple, on cherche à obtenir une plus grande quantité de sucre et de sucre de plus belle qualité; à travailler pendant un temps plus long, de manière à traiter une quantité de matière double avec un même capital; on veut éviter les pertes que la gelée, la pourriture fait éprouver aux betteraves dans les silos; on s'efforce de fabriquer toujours dans les meilleures conditions, tandis que maintenant, à mesure qu'on avance dans la saison, on opère sur des betteraves dans lesquelles la vie végétative détruit de plus en plus les principes saccharins; on veut, dans les contrées méridionales, dans lesquelles l'activité de la végétation rend la conservation des racines plus difficile, trouver autant et plus de facilité que dans le Nord; on veut enfin, que les transports soient infiniment plus faciles, que conséquemment, les fabriques puissent s'approvisionner dans un rayon beaucoup plus grand et qu'elles répandent le bienfait des cultures sarclées sur une étendue plus vaste de terre; etc., etc.

Nous pensons facilement que tant d'avantages ne seront pas obtenus à la fois; mais il est certain que la persévérance des fabricants saura en conquérir d'assez nombreux pour payer amplement la protection qu'on leur aura accordée, protection dont ils ont un besoin urgent aujourd'hui, et dont ils se sont montrés dignes.

Degré d'amélioration nécessaire.

Ce qu'on attend n'est vraiment pas excessif; il suffirait que nos fabricants obtinssent seulement UN pour cent de plus de sucre, en moyenne, pour qu'ils pussent renoncer en grande partie à la protection qu'on leur accorde; parce que, par une conséquence nécessaire, en même temps qu'ils obtiendraient plus de matières cristallisables, ils auraient plus de belles qualités. En présence de tels faits on tente encore d'écraser une industrie, qui, misérable aujourd'hui, donne cependant des espérances si brillantes. On essaie de la sacrifier à sa rivale parce que celle-ci a des résultats officiellement consacrés aux registres des douanes, tandis que la fabrication indigène produit seulement en sa faveur des faits qui ne sont pas officiels, mais qui pourtant sont patents, incontestables, et sans contredit d'une haute valeur. Cela ne sera pas possible : si on montrait tant de hâte à frapper, en ce moment décisif, une industrie qui se trouve, pour ainsi dire, au terme de ses efforts, on prouverait qu'on craint réellement la production à bon marché d'une fabrique qu'on veut anéantir au nom des principes économiques.

Il ne peut entrer dans notre plan de nous occuper des détails de fabrication qui prouveraient de plus en plus les vérités que nous voulons démontrer : ceux que nous avons énoncés suffisent pour prouver que l'industrie, qui, encore dans l'enfance, a déjà donné de merveilleux résultats, doit grandir dans l'avenir et payer les efforts qu'on faits pour la perfectionner.

Nous venons de prouver que le consommateur n'aura pas de longs sacrifices à faire, s'il est vrai que la protection qu'on accorde à la culture de la betterave lui soit onéreuse. La sucrerie n'est pas, comme on l'a dit, une industrie élevée en serre-chaude; déjà elle compense par des avantages secondaires le droit protecteur établi en sa faveur; bientôt elle produira des bénéfices évidents. Nous voilà apaisés sur ce point.

Amélioration directe de l'agriculture.

Maintenant voyons s'il est vrai qu'elle rendra à l'agriculture tous les services qu'on a promis en son nom et qu'on a déniés officiellement. Il est utile que nous montrions les immenses améliorations dont elle peut doter nos campagnes, car s'il était vrai que jamais la sucrerie indigène ne pourra soutenir la libre concurrence avec la sucrerie exotique, ses avantages agricoles formeraient une ample compensation de la protection qu'on lui accorde; s'il était vrai, au contraire, comme nous l'avons prouvé, que de prochains perfectionnements la mettront en position de fabriquer à meilleur marché, la certitude qu'elle peut contribuer plus qu'aucune autre culture à changer la surface du sol de la France lui ferait accorder un double intérêt.

Étendue de l'influence de la culture de la betterave.

On a pensé que la culture de la betterave ne pourrait être largement avantageuse à la France, puisque, de fait, elle était concentrée dans cinq départemens seulement, et que ce sont précisément ceux dont l'agriculture a le moins besoin de secours. Il est vrai que la sucrerie jusqu'ici n'a pris un grand développement que dans les départements du Nord, qui, par parenthèse, valent plus que les colonies; cela, nous l'avons dit, était une nécessité qui résulte évidemment de la nature même des choses: une fabrication si nouvelle, si délicate, si difficile, qui appelle à son secours toutes les lumières des sciences, qui emploie les appareils les plus compliqués, qui réclame à la fois le concours de l'agriculture et de l'industrie, n'a pu naître et s'accroître que là où s'est développé le génie agricole et manufacturier.

Mais déjà, bien qu'il y ait des contrées dans lesquelles elle n'a pas pénétré, elle en a cependant favorisé l'agriculture; elle leur a laissé presque sans concurrence des cultures qu'exploitaient exclusivement les départements du Nord: elle leur a donc été d'une utilité indirecte, avant de leur procurer les avantages immédiats qu'elle est à la veille de leur transporter.

Influence de la culture de la betterave sur les céréales.

Les adversaires de nos sucreries ont prétendu qu'elles n'étaient point d'un intérêt général, parce que la culture de la betterave, prenant de l'extension, devait envahir la terre à blé, que le prix des céréales augmenterait et que conséquemment la nourriture du peuple éprouverait un enchérissement fâcheux; mais il est évident que la betterave, dans les lieux où elle s'est largement développée, remplace le colza et d'autres cultures qui abandonnent le département du Nord pour se répandre dans toutes les contrées de la France, où elles vont remplacer la jachère, cette pratique obligée des pays pauvres qui laisse si incomplète la richesse agricole. Quand la culture des racines sarclées pénétrera dans ces régions elle remplacera directement la jachère, ou se substituera aux récoltes successives de grains qui épuisent la terre, et la rendent d'année en année plus stérile; elle fondera un assolement qui rendra la récolte en blé infiniment plus abondante, de sorte que non seulement elle fournira un produit riche et nouveau et rendra ainsi la terre plus productive en somme, mais encore elle rendra plus grandes les quantités des céréales récoltées.

Toutes les objections que nous venons d'énumérer, et qui ont été faites à plusieurs reprises contre les avantages agricoles de la culture de la betterave, sont réellement sans portée ; nous devons leur consacrer peu de temps : il en est une infiniment plus grave et qui a été officiellement faite.

On a dit que jamais la sucrerie indigène ne pourrait étendre son influence fertilisante sur une grande partie de notre sol, car il faut une si petite quantité de terres pour produire tout le sucre exigé par la consommation de la France que le nombre d'hectares d'où on le tirera sera insignifiant, eu égard à la masse de nos terres arables.

Quantités de terres améliorées par la betterave.

Pour savoir jusqu'à quel point de telles assertions sont vraies; il faut que nous déterminions quelles sont les quantités de sucre réclamées par la consommation actuelle, et celles qu'exigera la consommation future.

Ensuite nous aurons à déterminer quelle sera la quantité de terre sur laquelle étendra son influence la betterave cultivée pour fournir la quantité de sucre consommé.

La consommation actuelle est de 120 millions de kilogrammes de sucre, au moins.

La quantité consommée ne peut qu'aller en augmentant d'une manière rapide, si le bien-être général de la société continue à s'accroître, et si les prix restent modérés, ce qui arrivera par l'action de la concurrence intérieure : qu'on en juge par la marche qu'a suivie cette consommation, depuis 1815, où elle était de 17 millions, jusqu'à 1837 où elle est de 120 millions au moins ; en 22 ans la consommation est devenue SEPT fois plus grande!

On doit croire d'après ces faits que la consommation du sucre est loin d'être arrivée à son maximum; l'exemple des peuples qui nous devancent dans les voies de la prospérité confirme cette opinion: en 1831, quand la consommation était en France de 2 kilog. 1/2 par tête, la consommation anglaise était de 7 kilogr. par tête. Depuis cette époque la consommation a suivi la même progression en Angleterre qu'en France. Le ministre des finances estime qu'elle peut facilement arriver dans notre pays à 10 kilogr. par tête. Si elle atteignait ce chiffre ce serait 333 millions de kilogr. qu'il faudrait produire, en supposant que la population fût stationnaire, ce qui ne sera pas, puisqu'elle-même suivra les progrès de la prospérité publique.

Telle est la masse énorme de produits qui doit être absorbée. Mais, dit-on, quelque grande que soit la quantité de sucre réclamée par la consommation, il faut une étendue de terre si petite pour la produire que l'agriculture française n'en retirera jamais qu'un bien faible encouragement. Cet argument a été un de ceux qui ont principalement été mis en avant par M. d'Argout, lorsque fut présentée à la chambre la loi en vertu de laquelle a été établi le droit sur le sucre indigène. Et, pourtant, les plus simples calculs peuvent prouver combien, au contraire, sera grande la quantité de terre susceptible d'être fertilisée par la betterave. Le ministre établissait que 48,000 hectares suffisaient pour produire les 100,000,000 de k. de sucre que la France consommait en 1836. Nous avons établi ailleurs que c'était là une erreur capitale. (1) En effet, la betterave ne donne pas une quantité de sucre égale à 5 pour 100 de son poids : cependant admettons ce chiffre. A ce compte il faudrait 2 milliards de kilogrammes de betteraves pour produire les 100 millions de kilogr. de sucre consommé. Chaque hectare produisant 30,000 k. de betteraves, 66,000 hectares seront nécessaires pour produire les 2 milliards de kilogrammes de betteraves.

---

(1) Rapport sur l'impôt à établir sur le sucre indigène, Société royale des sciences, de l'agriculture et des arts, de Lille.

Mais on observera que la betterave doit entrer dans un assolement de quatre années, au moins, si l'on veut retirer tous les avantages de sa culture; il y aura donc quatre fois plus de terre améliorée qu'il n'en faut pour porter chaque année la quantité de betteraves nécessaires : il y aura donc en réalité 264,000 hectares directement fécondés par cette culture.

On a officiellement admis que la consommation de sucre en France pouvait s'élever facilement de 100 à 333 millions; il faudra donc, pour produire cette quantité, 880,000 hectares de terre, toujours en admettant un rendement de 5 p. 0/0, et on n'a pas compté de perte pendant la conservation des betteraves dans les silos; elle est cependant considérable. On a adopté un assolement de quatre années seulement; il pourrait être de cinq et fertiliser complètement la terre. Dans la ferme modèle de Grignon, l'assolement, qui roule aussi sur une culture de plantes sarclées, est de huit années; enfin on a supputé la consommation d'une population devenue plus riche, mais non plus grande, tandis qu'on sait bien qu'elle va toujours croissant avec les progrès de la prospérité générale.

On sera donc fort modéré en admettant que 1 million d'hectares sera directement amélioré par la culture de la betterave.

On compte en France 25 millions de terres labourables (1). Cette culture agit donc d'une manière directe sur 1/25 du sol livré à la charrue. On ne peut nier que ce ne soit là une étendue de terres considérable et que les améliorations qui en doivent résulter pour la France, ne soient inappréciables. De plus, on doit penser qu'il y aura avantage à abandonner successivement les terres

(1) Dans ce compte ne sont pas compris les jardins, prairies, etc.

amenées à un grand état de fertilité, afin de porter sur les champs arriérés la culture qui doit les améliorer. Par conséquent celle-ci pourra amender presque toute la surface du pays. Il est évident que les hommes qui pèsent avec impartialité les intérêts généraux du pays ne pourront jamais se décider à tuer une industrie qui, outre ses avantages spéciaux, aura une influence si décisive sur les perfectionnements agricoles. Ils ne l'immoleront pas à nos colonies, qui sont si précaires, qui travaillent dans des conditions si exceptionnelles, et qui en même temps sont si restreintes. Qu'on établisse une comparaison entre la culture de la betterave et celle de la canne, sous le rapport agricole, et l'on verra si l'intérêt national ne mérite pas quelque préférence.

La Martinique en 1827 avait 17,620 hectares produisant le sucre.

La Guadeloupe	22,909
Bourbon.	8,241
En total........	48,770 hect. consacrés à la

culture de la canne.

L'étendue de toutes les terres cultivées, de quelque manière que ce fût, était à la même époque

Pour la Martinique	32,094 hectares.
Pour la Guadeloupe	42,351
Pour Bourbon	65,384
Total.....	139,829 hectares.

En présence de pareils faits il est difficile de comprendre comment on peut prétendre sacrifier à des établissements dont l'importance est si médiocre une industrie qui étend son influence fertilisante sur une immense étendue du sol national.

Nous n'avons parlé jusqu'ici que des améliorations obtenues par la culture immédiate de la betterave. Mais ce que nous avons dit précédemment doit nous faire comprendre quelles peuvent être les améliorations indirectes de l'industrie qui s'implante au milieu des campagnes, y répand les exemples d'une agriculture perfectionnée et tout le cortège de biens qui accompagnent l'instruction, l'aisance, l'application des méthodes scientifiques les plus ingénieuses, le contact des hommes supérieurs. Chaque fabrique est une école d'agriculture, et la meilleure des écoles, car la ferme travaille industriellement, elle travaille pour faire des bénéfices, et appelle tous les ouvriers à prendre successivement part à ses travaux.

Améliorations indirectes de l'agriculture.

Il est évident que de telles institutions auront une influence incalculable sur toutes nos campagnes; l'enseignement pratique qu'elles répandront changera entièrement la face de notre agriculture; ses produits augmenteront dans une proportion inconnue.

Supposez que les perfectionnements agricoles augmentent seulement de 10 fr. la valeur des produits des 25,000,000 d'hectares labourables, ce sera pour la France une augmentation de revenu annuel de 250,000,000. Les agronomes les plus modérés pensent que le produit de chaque hectare pourrait être augmenté de 50 fr. Le revenu des terres labourées serait augmenté alors de 1 milliard 250 millions.

Augmentation du produit des terres.

On n'a pas tout compté : sur les 25,000,000 d'hectares labourés, une grande quantité est soumise encore à la jachère; cette méthode, non seulement enlève un tiers de leur produit aux terres qui y sont encore assujetties, mais les rend plus stériles lorsqu'elles recèlent des engrais, qu'elles perdent par évaporation. Si la moitié des terres labourables est soumise encore à la jachère, le tiers de

Suppression des jachères.

12,000,000 d'hectares est improductif : on gagnerait donc les produits de 4 millions d'hectares si, par l'introduction d'une plante sarclée et permettant de produire une plus grande quantité d'engrais, on parvenait à mettre en culture les champs qu'on laisse reposer une fois dans une période triennale. On admettra facilement que chaque hectare fournira pour 100 fr. de denrées, et ceci est une évaluation bien faible, puisque 100 fr. sont, non pas le produit, mais le revenu actuellement obtenu par le propriétaire d'un hectare soigneusement cultivé. Eh bien ! si chacun des 4 millions d'hectares en jachère vient à rapporter 100 fr. seulement, le produit annuel de la France serait accru de 400 millions, qu'il faudrait ajouter aux sommes énormes obtenues par les perfectionnements apportés à la culture de la superficie arable de notre sol.

On se rappellera que les colonies ne cultivent la canne que sur 48,000 hectares, que toutes leurs terres cultivées ne dépassent pas 139,000 hectares. Ainsi, en remettant en culture seulement 139,000 hectares abandonnés à la jachère, on donnerait à la France le produit territorial de nos possessions transatlantiques.

Il est donc de toute évidence que la France trouvera d'innombrables richesses dans le perfectionnement que son agriculture obtiendra par la culture de la betterave : il lui est possible de demander à son sol des produits plus que doubles de ceux qui constituent aujourd'hui son revenu territorial, qui est déjà celui qui a le plus d'importance.

C'est là qu'il faut tendre, c'est le produit de la terre qu'il faut regarder comme la base de la fortune publique, parce qu'il peut devenir immense, et qu'il est à l'abri des chances politiques et commerciales; c'est lui qui constituera la puissance de la France et non pas l'exploitation de quelques îles qui nous coûtent plus en primes, en protection, en surveillance, qu'elles ne nous rapportent; c'est l'agriculture perfectionnée qui donnera à notre pays les moyens de créer et d'équiper des flottes nombreuses, si son honneur et son indépendance l'exigent; de solder des marins qui s'exerceront pour sa gloire et son profit, tandis qu'actuellement ceux qu'on nous dit formés par le commerce colonial sont payés indirectement, mais réellement par l'état, et employés pour le plus grand avantage des colons et de leurs commissionnaires : que la France tire de son sol les immenses richesses qu'il recèle, elle ne manquera pas de moyens d'étendre partout sa puissance; qu'elle soit prospère, qu'elle puisse constituer un capital disponible considérable, que ses revenus soient abondants et bien employés, elle ne manquera pas plus de vaisseaux et de marins que de forteresses et de soldats.

VI.

RÉSUMÉ.

Résumons les faits que nous avons énoncés.

Ceux qui concernent la valeur actuelle des colonies sucrières sont les premiers. Parmi eux citons les principaux :

Faits relatifs à la valeur actuelle des colonies sucrières.

Les colonies nous donnent 80,000,000 de kilogrammes de sucre, environ, sont habitées par 360,171 individus, dont 77,000 sont libres; parmi eux 50,000 sont blancs, 45,000 seulement sont français, et 7 à 8,000 sont intéressés directement à la production du sucre. Ils paient des contributions locales, et font partie de la milice, mais ne contribuent en rien aux charges générales de l'état, et ne sont point appelés à faire partie de l'armée active.

Si nous voulons, par opposition, savoir ce qu'est la sucrerie indigène aujourd'hui, nous constatons qu'elle a élevé 600 fabriques à peu près, qui fournissent environ 50,000,000 de kilogrammes de sucre ; elles intéressent directement 356,000 individus, c'est-à-dire, une population presqu'égale à toute celle des colonies, en comprenant les français et les étrangers, les personnes libres et les esclaves, les personnes intéressées à la sucrerie et celles y qui sont étrangères.

Ne pouvant arguer de leur importance propre, les colonies cherchent à se rattacher à des intérêts nationaux :

Elles annoncent 1.° qu'elles favorisent notre agriculture et notre industrie, en leur procurant un débouché pour 50 millions de produits.

2.° Qu'elles donnent de grands bénéfices au commerce maritime occupé au transport des marchandises importées et exportées.

3.° Qu'elles font la force de notre marine militaire, qui recrute ses équipages parmi les hommes qu'a formés la marine marchande.

En examinant ces trois chefs d'argumentation on trouve :

1.° Que quant à nos manufactures et à notre agriculture, nos sucreries ne les font pas jouir du bénéfice qu'indiquerait une exportation évaluée à 50,000,000 de francs, parce que cette exportation représente ce que la France envoie dans toutes ses colonies et non dans ses colonies sucrières seulement ; que dans ces dernières même les sucreries ne forment que le sixième des établissements, et qu'en conséquence elles sont loin de consommer la totalité des marchandises que nous adressons à nos îles à sucre ; que de plus, parmi les marchandises portées aux colonies une partie considérable est destinée à être réexportée à l'étranger, qu'une autre partie, comme bestiaux, mulets, ne provient pas réellement de France, puisque nous en importons nous-mêmes pour des sommes considérables. Tous ces faits démontrent évidemment qne la France ne doit pas aux sucreries exotiques seules l'exportation sigualée. Cela est tellement manifeste que la valeur des marchandises importées par les colonies dépasse immensément la valeur du sucre qu'elles exportent; que cependant on ne peut demander des marchandises pour une valeur même égale à celle du sucre, car une partie du travail des sucreries tire ses éléments du sol même, tels que vivres, etc., et que des bénéfices doivent rester au lieu de production.

Ainsi se réduit, dans une proportion considérable, les avantages qu'on dit être procurés à nos manufactures par nos colonies. La somme restante est faible; mais quelle qu'elle soit, d'ailleurs, elle serait plus que compensée par la consommation faite par la population qui se livre à la production du sucre indigène, s'il arrivait que celui-ci dût remplacer le sucre exotique. Ainsi nos manufactures et notre agriculture ne peuvent rien perdre au développement de la rivale de nos colonies.

2.° Quant aux pertes que ferait notre commerce maritime, d'abord il faut noter que le bénéfice de ce travail est remplacé par une partie du travail du producteur indigène, car le prix de transport fait partie du prix de revient du sucre colonial, comme les diverses mains-d'œuvre font partie du prix du sucre indigène; mais de plus on remarquera que si les colonies cessaient d'approvisionner de sucre la mère-patrie, notre marine marchande serait employée à importer les produits des nouvelles cultures auxquelles retourneraient nos colonies, produits qui nous arrivent de provenances étrangères et nous sont apportés par des vaisseaux étrangers; que nos navires pourraient conduire les sucres coloniaux sur des marchés étrangers, et se trouver conséquemment en position d'en rapporter pour nos colonies les denrées qui n'y sont pas actuellement conduites par notre marine nationale, et même de conduire en France des marchandises qu'ils ne peuvent aller chercher par un voyage direct. Il faut donc dire que le monopole dont jouissent nos vaisseaux qui font le commerce de nos colonies est peut-être la cause la plus essentielle de l'infériorité de notre marine marchande ; que si cet état cessait, probablement elle ferait des efforts pour rivaliser avec la marine des autres nations. Loin donc de nuire à notre navigation, les changements qu'on redoute pourraient lui donner une vie plus active et plus profitable à l'état.

Pour donner aux plaintes des commerçants des villes maritimes l'énergie qu'on leur connaît, il faut donc qu'il y ait un motif plus grave que ceux qui ont été énoncés; ce motif, c'est l'intérêt que prennent les négociants des ports dans la vente des denrées coloniales. Ils achètent les sucres au lieu de production, et les reçoivent en paiement des marchandises exportées. Il résulte de là :

Que lorsqu'il y a perte apparente, elle ne tombe pas à la charge des colons;

Qu'elle diminue les bénéfices faits sur la vente des marchandises exportées ;

Que le prix de vente de ces marchandises a été calculé en raison des pertes possibles ;

Qu'ainsi les pertes apparentes sont loin d'être réelles.

Les conséquences de ces faits sont :

Que pour les négociants spéculateurs, l'intérêt de la navigation n'est que secondaire ;

Qu'ils tiennent avant tout à rester maîtres et régulateurs du marché français;

Que par suite, ils n'adhéreront jamais à des transactions qui n'auraient pour résultat que d'assurer l'existence des colonies;

Que leur but est d'anéantir une industrie qui, versant ses produits sur le marché de la métropole, apporte obstacle à leurs spéculations.

Ainsi, si les sucreries indigènes prospéraient, les spéculateurs seuls seraient gênés; nos armateurs n'éprouveraient réellement pas de dommage; les commissionaires, entrepositaires, etc., pourraient être lésés, parce qu'une marchandise exotique qui leur est adressée serait produite aux lieux mêmes de la consommation; mais cet intérêt est faible, et d'ailleurs, il trouverait des dédommagements parce que la prospérité intérieure, étant plus grande, serait cause que les transactions avec les étrangers deviendraient plus considérables.

3.° Quant aux préjudices que la marine de l'état peut éprouver par l'extension de la sucrerie indigène, il reste évident que si, comme on vient de le prouver, la marine marchande n'en reçoit pas de préjudices réels, la marine militaire n'a nullement à souffrir. Il est, du reste, facile de démontrer que l'importation du sucre est loin d'avoir une influence heureuse sur l'entretien des équipages qui montent les vaisseaux de guerre.

Les navires exclusivement consacrés à transporter les 80,000 tonneaux représentant la quantité de sucre colonial importé en France, sont au nombre de 160, jaugeant chacun 250 tonneaux, faisant deux voyages par an; ils sont montés par 1,920 marins : en supposant, ce qui est beaucoup, que 1/5 passe annuellement dans les cadres militaires, ce seront 384 matelots recrutés par la marine de l'état, nombre inappréciable relativement à celui qui compose notre force navale, d'une part, et relativement au nombre des autres matelots occupés par la navigation au long cours et le cabotage, d'autre part.

Si l'on veut savoir ce que coûte l'apprentissage de ces 394 matelots, on trouve que la dépense annuelle des colonies est de 8,917,000 francs, somme dont la plus grande partie est employée à protéger les blancs contre la population réduite à l'esclavage pour cultiver la canne; de plus les colonies sucrières exigent trois stations parmi les onze qui sont assignées à nos bâtiments de guerre; la dépense de ces stations, qui n'a pas été évaluée au juste, doit être considérable.

Bien que la plus grande part de ces dépenses doive incomber à la sucrerie dont la position exceptionnelle exige une protection très-forte, admettons qu'elle n'entraîne qu'une dépense de 5 millions; on trouvera que, pour 384 marins recrutés par les cadres de nos flottes, c'est 13,000 fr. par homme.

La valeur propre des colonies, et les avantages qu'elles procurent à nos manufactures, à notre commerce maritime, à la marine de l'état n'étant pas suffisants pour engager la France à renoncer à la culture de la betterave, on invoque les arguments tirés de la science économique, pour prouver qu'il faut repousser la sucrerie indigène; mais les colonies sont dans la position la plus violemment réprouvée par les économistes, car elles veulent l'esclavage et le monopole; leur prix de production ne pourra être invoqué que lorsque la France ne paiera plus les frais de leur position exceptionnelle.

Ainsi, en analysant avec exactitude les faits qui établissent la *valeur actuelle* des colonies, on voit qu'elles ne sont pour la France qu'une propriété plutôt onéreuse qu'utile.

Faits relatifs à l'importance future des colonies sucrières.

Leur importance future sera loin de pouvoir donner un dédommagement des charges qu'elles nous imposent dans le temps présent.

Leur valeur commerciale s'éteint ; leur production sucrière est fondée sur l'esclavage ; le travail libre ne donnera pas de sucre ; ce qui s'est passé à St.-Domingue, ce qui se passe aux colonies anglaises, où les nègres sont émancipés, l'aveu même des colons qui repoussent systématiquement tout ce qui pourrait préparer l'affranchissement des noirs, sont des preuves péremptoires de cette assertion : sans l'esclavage des nègres la culture de la canne est impossible.

Eh bien ! l'esclavage ne peut durer.

La population noire ne peut s'entretenir, la traite cessant ; l'émancipation des îles voisines empêchera de tenir les nègres sous le joug. Déjà le désir de la fuite devient incoercible ; si la fuite n'était pas possible la révolte arriverait ; si l'on doit comprimer la révolte, la protection coloniale deviendra immensément dispendieuse ; le travail ainsi obtenu ne pourrait soutenir la concurrence avec le travail libre ; la fraude introduirait en France les produits de nos voisins continentaux, si la culture est proscrite en notre pays.

La valeur politique des colonies est aussi presque annulée, et ne mérite pas de sacrifices.

Jadis les colonies de la France tenaient une grande place dans sa politique : ses possessions indiennes étaient importantes, l'espoir de les agrandir encore était fondé, l'île de France, la clef du chemin de l'Océan oriental ; était à nous ; les colonies transatlantiques avaient encore plus d'importance, c'était Saint-Domingue, la Louisiane et le Canada, nous donnant le Mississipi et le St.-Laurent, enveloppant comme une vaste ceinture l'Amérique du Nord.

Aujourd'hui il ne nous reste que quelques îles sans puissance.

Autrefois, avec nos grandes et belles colonies, nous avions les moyeus de les défendre, nous pouvions disputer la suprématie des mers; aujourd'hui elle appartient incontestablement à une autre nation.

Si autrefois nous avions à soutenir de rudes combats pour nos possessions d'outre-mer, nous entrions en lutte avec des européens, qui se trouvaient dans des conditions d'éloignement semblables aux nôtres; aujourd'hui, le Nouveau-Monde, presque en entier affranchi, est en position de nous combattre et bientôt de nous chasser de ses côtes.

Dans les siècles passés, le commerce avait choisi l'Océan atlantique pour voie principale et il allait aboutir aux terres que nous possédions dans de lointains parages.

De nos jours le monde méditerranéen se reconstitue: la puissance ottomane s'affaisse; le Nouveau-Monde nous repousse; la civilisation a trouvé le moyen de surmonter les obstacles des anciennes voies du commerce; c'est dans la Méditerranée que nous devons trouver les avantages commerciaux, la prédominance maritime, l'influence politique.

Les grandes querelles des européens allaient se vider sur les flots de l'Atlantique ou de l'Océan indien; les gigantesques et décisifs combats de notre époque seront livrés sur la Méditerranée.

Tout va venir se concentrer sur cette mer: le mouvement est déjà commencé: Toulon, Marseille, Alger effacent Brest, Bordeaux, les Antilles, et il se trouve que cette marche irrésistible des choses, que nulle force humaine ne saurait contrarier, est favorable à la France.

Elle appelle la décision des plus graves questions dans les lieux où se trouvent nos principaux éléments de puissance.

Elle répartit avantageusement la richesse nationale, en

donnant au Midi, qui ne peut prendre l'industrie du Nord, la plus grande masse des transactions commerciales; et par un bonheur inespéré, elle donne la plus ample compensation à la ville qui perd le plus dans la vaste révolution qui s'opère; Bordeaux, qui languit maintenant, Bordeaux, qui périra s'il s'obstine à ne vouloir porter ses regards que vers les Amériques, peut devenir, par son fleuve, son canal, son chemin de fer, l'entrepôt entre le Nord et le Midi, entre l'Orient et l'Occident.

Les colonies étant appréciées à leur juste valeur, dans le temps actuel et dans le temps futur, constatons L'IMPORTANCE ACTUELLE ET L'IMPORTANCE FUTURE DE LA SUCRERIE INDIGÈNE.

Et d'abord *l'importance actuelle*.

Faits relatifs à l'importance actuelle de la sucrerie indigène.

Long-temps la sucrerie indigène est restée dans l'enfance; aujourd'hui elle est forte et puissante; elle produit 50 millions de kilogrammes de sucre, elle occupe 356,000 ouvriers ou industriels, quand les colonies n'ont que 370,000 habitants, parmi lesquels 77,000 sont libres, 50,000 sont blancs, 45,000 sont Français, 7 à 8 mille sont intéressés dans la production sucrière.

La culture de la betterave est établie dans 37 départements dont la population est de plus de 16 millions d'habitants.

47 départements votent en sa faveur, 3 contre elle.

Elle satisfait, d'une manière inespérée, à toutes les exigences de l'agriculture : variété d'assolement, labours et sarclages; produits précieux et peu encombrants; nourriture des bestiaux; alternation des travaux avec ceux des autres cultures; occupation des classes ouvrières pendant l'hiver, instruction et moralisation des habitants des campagnes; appel des sciences, des arts, et des capitaux dans les exploitations rurales; introduction dans l'agriculture

BIBLIOTHÈQUE ROYALE

des hommes qui peuvent lui enseigner l'usage des instruments perfectionnés, des nouvelles méthodes de culture, d'une comptabilité régulière ; qui lui ouvrent des communications avec le monde savant, qui façonnent d'habiles constructeurs; qui sont en position d'indiquer les travaux publics qui feront la prospérité des villages, et de contribuer puissamment à les faire entreprendre ; tous ces avantages marchent inévitablement à la suite de la culture de la betterave ; tous sont en voie d'être obtenus.

On a nié l'action fertilisante de cette culture; l'expérience a fait justice de cette dénégation.

On a dit qu'elle ne favorisait pas la création des troupeaux, les faits ont répondu victorieusement.

On a dit que cette culture intéressait peu la France puisqu'elle était concentrée dans cinq départements; mais ces départements valent plus que les colonies, et, si les premiers ils se sont livrés à la fabrication du sucre, c'est qu'eux seuls, dont l'agriculture est perfectionnée, pouvaient permettre une culture difficile ; c'est qu'eux seuls, dont la population industrielle est habile, pouvaient se livrer à une fabrication éminemment difficile.

Le bas prix des terres, la main-d'œuvre à bon marché, ne pouvaient compenser les avantages du Nord, parce que la main-d'œuvre à bon marché indique l'absence d'une population ouvrière nombreuse dans laquelle de nouvelles fabriques trouvent facilement les bras dont elles ont besoin; le bas prix des terres annonce un sol qui n'est pas arrivé à un grand degré de fertilité, une population agricole qui ne sait pas tirer parti de son territoire, un pays dépourvu de communications.

La culture de la betterave s'est donc forcément concentrée dans le Nord, comme ont fait toutes les cultures perfectionnées, pour partir, comme elles, de cette région avancée, afin de se répandre sur toute la surface de notre sol, et déjà aujourd'hui elle a pénétré dans la moitié de nos départements, et déjà aussi elle a rendu des services à la totalité du pays, en laissant sans concurrence d'autres cultures aux contrées qui entrent seulement dans la voie des progrès.

On a dit qu'en prenant une grande extension, la culture de la betterave envahirait les terres à blé et ferait hausser le prix des céréales; mais il est resté avéré que la betterave, soit en remplaçant les cultures qui émigrent pour s'installer dans le pays des jachères, ou en s'emparant directement de ces dernières, ou en fondant un assolement qui fertilise la terre, non seulement ne diminue pas la quantité des céréales, en fournissant un nouveau produit, mais même augmente la quantité absolue du blé.

Enfin on dit que la France n'avait pas besoin de la fabrication du sucre indigène pour perfectionner son agriculture, puisque l'Angleterre était parvenue aux plus heureux résultats sans cet auxiliaire. On n'a pas voulu voir la différence des deux pays : L'Angleterre jouissait de voies de communication innombrables et d'énormes capitaux; elle avait une population aisée et instruite; elle s'adonne facilement à l'éducation des bestiaux, parce qu'elle paie les céréales à un prix élevé, et que par conséquent la viande se place facilement, parce que les grandes propriétés et le genre de vie des propriétaires s'accommodent bien des grands pâturages et parce que son climat est éminemment propre à la nourriture des troupeaux, tandis que toutes les circonstances sont inverses en France. Enfin, il n'est nullement prouvé que la culture de la betterave n'eût pas rendu plus prospère encore l'agriculture de l'Angleterre, si celle-ci n'avait dû la sacrifier à d'immenses intérêts maritimes et coloniaux que nous n'avons pas.

En contradiction avec quelques-unes des objections précédentes, on a dit que la culture de la betterave ne pouvait avoir une vaste influence sur l'agriculture, parce qu'il fallait peu de terres pour produire tout le sucre dont la France avait besoin; la quantité de terre actuellement employée est déjà notable; il sera parlé de celle qui sera exigée dans la sucrerie lorsqu'on traitera de son importance future.

Après avoir échoué dans la tentative de nier les avantages agricoles de la culture de la betterave, on a attaqué la sucrerie sous le rapport économique.

Cette tentative ne peut être plus heureuse que la première, car c'est à la sucrerie indigène qu'on doit l'abaissement du prix, qui était, en 1815, pour les raffinés, à 1 fr. 80 c. et qui est aujourd'hui à 0,77 1/2 c. et plus bas encore ; c'est donc la sucrerie indigène qui a épargné à la France les sommes énormes qu'elle payait abusivement pour les sucres qu'elle consommait.

Pour éviter désormais cet enchérissement on pourrait avoir recours aux sucres étrangers, mais les colons sauraient s'opposer à une telle mesure.

Sans tirer avantage de l'effet produit par la sucrerie indigène sur l'exagération des prix précédemment obtenus par les colons, on peut facilement prouver que la protection réclamée par l'industrie sucrière est légitime.

Les principes rigoureux des économistes ne lui sont pas applicables, car s'ils étaient adoptés, il faudrait changer en entier le système économique que la France a adopté ; il est peu d'industries françaises qui les supporteraient.

Le but que doit se proposer une nation, ce n'est pas d'acheter les produits étrangers à bon marché ; c'est d'arriver à créer la plus grande masse de produits au meilleur marché possible, et la liberté sans limites ne fait pas atteindre ce but.

La France a repoussé cette liberté illimitée.

Dans le système qu'elle a adopté, pour avoir droit à la continuation d'une protection acquise, une industrie doit prouver qu'elle a fait des progrès et qu'elle est susceptible d'en faire.

La sucrerie indigène est née lorsque le prix du sucre était à 3 fr. la livre, maintenant elle donne ses produits à 0,38 c., sur lesquels il faut déduire 0,05 1/2 c. pour la taxe de cette année. Cette industrie a donc tout droit à la protection nationale.

D'ailleurs, la protection de 16 centimes 1/2 qu'on accorde à la betterave n'est réellement qu'apparente, car elle la paie par les avantages agricoles dont elle dote le pays et dont elle n'a pu encore profiter elle-même pour baisser ses prix, par les impôts de toutes sortes qu'ont payés les producteurs indigènes, par l'utilité, pour la France, de la population qu'elle entretient; par les avantages indirects qu'elle entraîne à sa suite; ainsi son prix doit être considéré comme plus bas qu'il n'est réellement. Le sucre colonial doit, au contraire, être regardé comme étant à un taux plus élevé que le prix apparent, puisqu'il n'est si bas que parce qu'on n'a pas porté en compte les frais de protection que la France a dû accorder à sa production. Ainsi le tarif protecteur établi en faveur du sucre de la betterave est compensé, d'une part, par la protection efficace accordée aux colonies, et, d'autre part, par les avantages que l'industrie indigène procure à la mère-patrie : il y a, pour ainsi dire, équilibre, et la protection est pour ainsi dire nulle.

Cependant la sucrerie indigène serait digne d'une protection réelle par ses progrès passés ; elle les mériterait encore par les progrès qui l'attendent et qui constateront son importance future.

Faits relatifs à l'importance future de la sucrerie indigène.

L'importance future de la sucrerie indigène devient évidente, si on établit la possibilité de perfectionner la fabrication de manière à abaisser le prix de revient, et si l'on prouve que la culture de la betterave étendra ses effets sur une grande superficie du sol français.

Les progrès déjà obtenus garantissent les progrès futurs.

Ces progrès sont inévitables, car s'ils n'avaient pas lieu la sucrerie indigène disparaîtrait, puisqu'aux prix actuels elle est en perte.

Elle obtiendra ses premiers bénéfices en s'étendant successivement au-delà des localités qu'elle occupe actuellement et en gagnant les régions dans lesquelles les terres et la main-d'œuvre sont à meilleur marché.

Elle a été forcément concentrée jusqu'à présent dans les départements du Nord, parce qu'ils donnaient seuls la possibilité de se livrer à une culture avancée et à une fabrication difficile. Mais bientôt elle s'étendra, de proche en proche, dans les autres départements, comme ont fait presque toutes les cultures spéciales.

Le perfectionnement des procédés sera ensuite a cause des plus grandes améliorations : la sucrerie fait plus d'études et de dépenses qu'aucune autre industrie pour arriver à une fabrication perfectionnée ; elle est à la veille de recueillir le prix de ses sacrifices.

Elle arrivera à un abaissement de prix en obtenant un rendement plus considérable et des produits de plus belle qualité.

Le rendement actuel n'est que de 4 à 5 pour cent. La quantité de sucre contenue dans la betterave est de

10 0/0 et même, en certaines circonstances, de 14, si on en croit des analyses délicates. Elle a donc des succès à obtenir.

L'amélioration des qualités sera une nouvelle source de profits : Actuellement la quantité des produits inférieurs est telle que le prix moyen est de 11 fr. au-dessous de la bonne quatrième, tandis que les colons ont un prix moyen qui n'est que de 1 fr. au-dessous du prix de cette même qualité. Le travail indigène, en se perfectionnant, ne peut donc manquer de se rapprocher des résultats coloniaux.

Il suffirait, pour atteindre les perfectionnements désirables, d'obtenir 1 0/0 de sucre en plus, car lorsqu'on obtient plus de sucre cristallisable, on arrive en même temps à fabriquer des qualités supérieures. On ne peut donc douter du succès.

Des essais ont fait penser qu'on pourrait trouver des méthodes qui permettraient de travailler plus long-temps, d'utiliser plus parfaitement les appareils, d'éviter les pertes de betteraves, de fabriquer toujours dans des conditions aussi favorables que celles du commencement de la campagne, d'obtenir des transports plus faciles et d'étendre la culture dans les contrées méridionales.

Tant de chances de perfectionnements ne peuvent manquer de donner la conviction que la protection accordée à la culture de la betterave profitera au pays.

L'étendue des améliorations agricoles sera encore pour la France la source d'immenses avantages. C'est le second point qu'il faut prouver.

On a pensé que l'influence de la sucrerie ne s'étendrait pas au loin : nous avons dit pourquoi, jusqu'à présent, elle est restée concentrée dans les départements du Nord, et nous avons montré qu'elle est sur le point d'en sortir.

On a pensé que la betterave nuirait à la production des céréales; il a été prouvé qu'elle la favorisait.

On a pensé qu'elle ne pourrait jamais améliorer une grande quantité de terres; il reste démontré que si la consommation de sucre devient en France ce que les notions les plus positives annoncent, la culture de la betterave peut faire sentir son action fertilisante sur un million d'hectares, c'est-à-dire 1/25 des terres arables de la France.

Outre les avantages agricoles directs, la sucrerie produira des améliorations indirectes par les exemples qu'elle propagera. Elle pourra augmenter le revenu de 25 millions de terres labourables, elle rendra à une culture productive les terres soumises à la jachère.

Conséquemment l'importance future de la culture de la betterare sera telle qu'il est impossible d'y renoncer pour favoriser des intérêts coloniaux.

VII.

Conclusion.

La sucrerie indigène doit être préférée à la sucrerie coloniale.

La conclusion naturelle de tous les faits que nous avons pris soin d'exposer serait que la culture de la betterave a réellement plus de valeur pour la France que ses colonies sucrières et que, si l'on se trouve dans l'alternative de perdre les colonies ou de ruiner les sucreries indigènes, il faut nécessairement sacrifier les premières, puisque leur importance actuelle et leur importance future ne peuvent être mises en balance avec les avantages que produit déjà la culture de la betterave et ceux qu'elle nous promet pour l'avenir.

Mais cette conclusion rigoureuse entraînerait de grands désastres à sa suite, car de nombreux intérêts sont engagés dans notre commerce colonial. Nous pensons que ces intérêts méritent la plus haute considération de la part de la métropole, que, bien qu'ils soient inférieurs à ceux qui sont attachés au sol national, ils ne doivent pas être délaissés. L'étude de faits que nous avons énumérés démontre qu'on ne saurait abandonner les établissements coloniaux sans quelque dommage pour la mère-patrie. Il nous semble ressortir des mêmes faits que la conciliation n'est pas impossible.

Il est utile de conserver la sucrerie coloniale.

D'ailleurs nous posons en principe que le respect des droits acquis est une obligation pour les peuples, qu'il est souvent funeste d'opérer des changements brusques dans les transactions commerciales, qu'on ne peut arriver aux perfectionnemments solides que par des transitions, et que, dans la question dont il s'agit, si les colonies américaines doivent périr, il y aurait de la barbarie à précipiter leur ruine et à les empêcher de prendre les arrangements exigés par les circonstances.

Il faut donc tâcher d'arriver à concilier deux intérêts antagonistes, et chercher provisoirement à faire la part de chacun.

Il faut concilier les intérêts rivaux.

On ne peut disconvenir qu'au premier coup-d'œil la solution du problème ne paraisse difficile, et l'on ne trouvera pas étonnant qu'elle soit déclarée impossible par ceux qui ont étudié superficiellement les choses, ou qui ont un intérêt à faire prévaloir et espèrent bien faire succomber l'intérêt rival.

Difficultés de la conciliation.

En effet, notre question roule sur des tarifs protecteurs, et cependant nous ne sommes pas dans des circonstances pareilles à celles dans lesquelles on se trouve toutes les fois qu'il s'agit de régler des tarifs de douane. Dans les cas ordinaires, on a la volonté de protéger un produit national et d'écarter un produit étranger ; la mesure à prendre est facile : on établit sur le dernier un droit d'entrée suffisant pour qu'il ne puisse faire concurrence à l'industrie indigène, c'est-à-dire, qu'il n'entre pas, ou qu'il pénètre en quantités inappréciables ; si le droit imposé n'est pas assez élevé pour interdire l'accès du marché national aux marchandises apportées du dehors, on l'augmente jusqu'à ce qu'il devienne prohibitif, et les réclamations de nos manufactures s'appaisent. Il ne s'agit donc pas d'établir un juste équilibre entre deux objets similaires ; on protège l'un, et on repousse l'autre ; c'est tout au plus si l'on calcule, au plus juste, le degré de protection nécessaire à nos fabriques, car la volonté est réellement de prohiber les produits exotiques.

Dans la question qui nous occupe, une méthode si commode n'est pas de mise, puisqu'on doit accorder une faveur en quelque sorte égale aux deux produits rivaux : écraser l'un pour faire prospérer l'autre serait très-facile, mais aussi fort peu désirable. Par contre, établir une relation équitable entre les deux, favoriser également la production coloniale et la production métropolitaine est bien difficile ; si le droit établi pour soutenir celle qui se présente sur le marché avec moins d'avantage suffit pour la faire prospérer, on doit craindre qu'elle n'exclue celle qui lui faisait concurrence ; dans le cas contraire, il ne donnera pas une protection suffisante.

Cela arrive inévitablement dans les circonstances habituelles ; mais dans la question des sucres, il existe un fait exceptionnel que nous avons noté plusieurs fois, qui doit apporter obstacle aux résultats ordinaires. Communément les deux produits, entre lesquels existe une rivalité inexorable sont illimités dans leur quantité ; alors, il est indubitable que, si on laisse à l'un une libre entrée, il débordera et envahira le marché, de manière à ne pas laisser la moindre place à son concurrent; mais il en est tout autrement pour les deux producteurs de sucre : l'un est essentiellement borné, tandis que l'autre n'a pas de limites; les colonies ne peuvent produire le sucre au-delà d'une quantité déterminée, et elles ont atteint, ou à peu près, la limite de leur production; il est généralement reconnu qu'elles ne pourraient avec avantage fournir plus de 80,000,000 kil.; le maximum de l'importation de leurs produits a été de 82,000,000 kil., et l'on a de fortes raisons de croire que la fraude a contribué à élever autant le chiffre de leur production. Du reste leurs délégués déclarent que ces quantités ne peuvent guères être dépassées.

La limitation de la production coloniale rend la conciliation possible.

Ceci étant, la question change de face, et l'on aperçoit la possibilité, si non de faire prospérer immédiatement, au moins de sauver les deux intérêts.

Effectivement les colonies ne peuvent demander autre chose que de placer à un prix convenable les quantités fournies par leur production, et lors quelles seront admises le reste de l'approvisionnement appartient de droit au sucre indigène, reste bien exigu, eu égard à l'intérêt agricole, mais qui grandira par les augmentations attendues de la consommation.

C'est là la plus large concession qu'on puisse faire aux intérêts coloniaux, et, si on la leur accorde, ils n'auront certes plus aucune plainte à formuler. En effet, on a adopté le chiffre qu'ils ont déclaré eux-mêmes être celui de leur production : si elle s'accroissait, ce ne pourrait être qu'en consacrant à la culture de la canne des terrains tout-à-fait impropres, car déjà on a franchi la limite d'une culture bien réglée. Nous savons que les ports s'opposeront à tout système de conciliation, parce que, nous l'avons fait remarquer, ils ne combattent pas pour la satisfaction des colons, non plus que pour les avantages réels de la navigation; ce qui les touche, c'est la spéculation sur les sucres, et l'on doit avouer que leurs opérations seront gênées, tant qu'ils ne seront pas les régulateurs exclusifs du marché. Tous les moyens de résoudre équitablement la question seront donc repoussés par eux; car ce qu'ils veulent, c'est l'anéantissement d'un produit rival. Mais on doit espérer que sur ce terrain leurs prétentions seront repoussées. Leurs opérations commerciales méritent d'être encouragées, si l'on veut, mais on ne peut leur sacrifier les sources de la richesse publique.

La France a bien le droit d'exiger enfin que ses intérêts continentaux ne soient pas lésés plus qu'ils ne le sont, et que les risques que lui fait courir la situation précaire de ses colonies ne soient pas augmentés.

Moyens d'établir l'équilibre.

Cela étant posé, par quels moyens arrivera-t-on à assurer aux colonies le placement de 80 millions de kilogrammes de sucre et à les placer à un prix convenable.

Nous poserons d'abord les principes qui doivent présider à la législation, sans déterminer les applications qu'il en faut faire et seulement pour prouver qu'en tout état de cause la solution de la question sera possible; ce n'est qu'après les avoir exposés dans leur généralité que nous verrons quelles conséquences applicables il en faut déduire. Alors il sera facile de montrer que l'état présent n'exige pas les remèdes réclamés. Mais revenons aux règles générales.

Il est parfaitement évident qu'il faut que la législation parvienne, au moyen des tarifs des droits, à établir les prix des sucres indigènes et coloniaux de telle sorte qu'il puisse exister une pondération équitable entre les deux industries

La balance doit être telle qu'elle permette aux colons d'écouler tous leurs produits, et de faire des bénéfices suffisants, sans qu'ils puissent cependant, en exagérant leur culture, qui dépasse déjà les limites naturelles, anéantir la production qui fertilise le sol national. S'il arrivait que cette dernière éprouvât de notables préjudices, ce serait en sa faveur qu'il faudrait appeler l'aide de la loi.

La législation des sucres, tant que deux intérêts importants seront en concurrence, ne pourra être absolument fixe; elle devra en quelque sorte emprunter le caractère de la loi qui règle l'importation et l'exportation des grains; car, nous le disons encore, elle doit permettre l'importation des quantités actuellement produites par les colonies, mais ne pas faire plus. Or, les circonstances qui faciliteront ou contrarieront cette importation seront variables; les tarifs ne pourront donc avoir une entière fixité; ils devront suivre les mouvements du commerce, se mettre en concordance avec les progrès toujours croissants de la sucrerie indigène; enfin, ils devront, pour ainsi dire, être réglés par des sortes de mercuriales constatant les prix relatifs des sucres, les quantités offertes et demandées, la situation des entrepôts, l'augmentation ou la diminution des produits indigènes ou exotiques; ils devront, en un mot, faire que toute la production reconnue aujourd'hui possible dans les colonies trouve un placement avantageux, mais laisser au sucre de betterave tout ce qui lui est concédé à bon droit.

Règles à observer.

Cependant, on doit se rappeler que d'incessantes modifications dans la législation commerciale arrêtent toutes les transactions, empêchent les spéculations, et portent le trouble dans les affaires. Il est donc indispensable de ne jamais amener, par des changements brusques, de profondes perturbations, comme on le voudrait aujourd'hui;

il faut que les changements soient annoncés à des époques telles qu'ils ne puissent compromettre des fabrications commencées. Si l'instabilité de la loi nuit dans les cas ordinaires à toutes les opérations commerciales, c'est surtout lorsqu'il s'agit d'une fabrication qui demande, comme le sucre, de longs préparatifs, qu'elle produirait des effets funestes. On ne saurait trop répéter que la prudence, autant que la justice, exige qu'on procède avec mesure, avec circonspection, en toute connaissance des faits.

Ces principes étant posés, il s'agit maintenant de savoir par quels moyens on établira l'équilibre cherché. S'il devient nécessaire de changer la relation établie entre les produits coloniaux et indigènes, par quelle voie procèdera-t-on ? Adoptera-t-on le système de dégrévement ou le système d'impôt ? L'impôt sera-t-il placé sur un seul produit, et opérera-t-on un dégrévement quand la nécessité l'exigera, ou placera-t-on un impôt sur chacun, en en variant le taux selon les circonstances.

Nous allons essayer de résoudre ces questions.

Nous avons vécu long-temps sous le système d'un impôt unique.

Lorsque la sucrerie indigène a été créée, un droit était établi sur les sucres coloniaux, et c'est à l'abri de ce droit protecteur qu'elle s'est développée : long-temps elle n'a porté aucun ombrage au produit rival, et n'a causé que des pertes peu sensibles au fisc.

Mais bientôt les fabriques françaises se sont multipliées, les colons ont cru leur industrie menacée par la production indigène, on a pensé que si l'on continuait à accorder la même faveur à cette dernière, elle exclurait les sucres coloniaux du marché de la France : on a admis qu'il fallait changer la relation qui existait entre les deux produits, qu'on jugeait trop défavorable au produit exotique.

Alors se sont présentés les deux systèmes : pour arriver à modifier les rapports qui existaient entre les sucres coloniaux et les indigènes, on avait à choisir entre le système du dégrèvement du sucre colonial et l'imposition du sucre indigène.

Systèmes divers.

Les partisans du dégrèvement disaient que les frais de perception sur les produits des fabriques disséminées sur notre sol seraient considérables et payés en pure perte, qu'il était conséquemment préférable de diminuer le droit sur les sucres coloniaux.

Dégrèvement.

Ils ajoutaient que la diminution du droit ferait baisser les prix, et augmenterait conséquemment la consommation; que, par suite, le fisc pourrait trouver la même somme que si on avait conservé le même impôt. (1).

Les partisans de l'impôt disaient que le sucre est une matière éminemment imposable, que conséquemment elle doit son tribut au Trésor; que si on procédait toujours par voie de dégrévement, les perfectionnements successifs de la fabrication indigène amèneraient à réduire l'impôt à rien, ce qui ne serait pas approuvé par une saine économie publique.

Aggravation de l'impôt.

---

(1) Bien des fabricants de sucre indigène, pour terminer le débat qui s'est élevé entre eux et les colonies, ont demandé et demandent encore la suppression de l'impôt établi sur leurs produits et un nouveau dégrévement du sucre colonial. S'ils veulent seulement substituer un dégrévement à l'impôt, en conservant la relation établie, ils ne résolvent pas la question, et l'état subit tous les inconvénients d'un dégrévement sans avantage; s'ils prétendent, au contraire, changer la relation, il faut qu'ils consentent a un dégrévement plus considérable; alors si l'augmentation est faible, elle ne fera pas croître la consommation et le trésor restera en perte; si elle est forte la compensation obtenue par le trésor sera encore douteuse, et le taux du dégrévement sera tel qu'il sera repoussé par eux-mêmes.

Ils ajoutaient que la diminution des prix causée par l'abaissement du droit n'agirait que très-faiblement sur la consommation, attendu que les quantités consommées par chaque individu sont encore si faibles (4 à 5 livres par an), que la diminution de quelques sous à la livre ne devait pas avoir une action directe sur les quantités qu'on achèterait; que le taux de la consommation était particulièrement influencé par le degré d'aisance générale, que, conséquemment, il devait rester étranger à la question de la diminution de l'impôt.

Le système d'impôt est le meilleur.

Ces raisons sont solides, et nous les adoptons. Mais ce qui surtout nous fait regarder comme préférable le système qui a prévalu, c'est qu'il rendra infiniment plus facile la pondération qu'il sera indispensable d'établir entre deux industries qui, jusqu'à présent, semblent avoir été en état de guerre. Effectivement, dès qu'on a admis qu'il était possible d'établir un impôt sur le sucre de betterave, si la relation entre les produits tropicaux et ceux de la France vient à changer, on peut la rétablir par deux procédés, soit en diminuant le droit qui pèse sur le produit inférieur, soit en augmentant celui qui charge le produit qui a la supériorité, et l'on peut procéder ainsi, soit que le sucre de canne ou celui de betterave, tour-à-tour, prenne trop d'extension, ou se trouve dans des conditions défavorables.

Cela nous paraît utile, et c'est ce principe qu'il faut adopter pour fonder le système d'équilibre et de loyale pondération qu'il faudra nécessairement adopter. Car la voie de dégrévement ou celle de l'impôt doit être successivement employée en raison des circonstances, de la hauteur des prix, de l'aisance du consommateur, de l'état de la prospérité générale, de la quantité des produits existants, des besoins du fisc, etc.

D'après ces principes, on regarderait comme concédé le placement, à un prix convenable, de la production actuelle des colonies.

Application des principes.

S'il arrivait que, par une extension de la sucrerie indigène, hors de proportion avec l'augmentation de la consommation, les prix vinssent à baisser, de manière que la production coloniale fût menacée d'être exclue du marché français ou de vendre ses sucres à perte, on changerait la relation établie entre les deux produits.

Ce changement s'établirait en abaissant le droit colonial, ou en haussant le droit indigène.

Mais si la production coloniale prenait au contraire une extension vicieuse, et s'emparait de la part qui a été laissée au sucre de betterave dans l'approvisionnement de la France, on ferait l'inverse.

Fautes à éviter.

Il est évident que si le malaise et les pertes étaient communs aux deux industries et dépendaient de causes générales, il ne s'agirait nullement de changer des rapports qui n'auraient point été viciés; il faudrait s'en rapporter au temps, remède habituel des crises commerciales, ou avoir recours, si cela était possible, à des moyens transitoires qui apportassent quelques soulagements à un mal constaté, mais qui n'aidassent pas l'une des productions, en rendant pire la situation de l'autre.

Nous avons dit que, lorsqu'il serait utile de changer les relations établies, on pourrait avoir recours, soit au dégrévement, soit à l'aggravation de l'impôt; nous devons déclarer cependant qu'en thèse générale l'aggravation de l'impôt est préférable, 1.° parce que le trésor national en profite, et que ses recettes sont légitimes, puisque le sucre est une matière imposable; 2.° parce qu'une augmentation d'impôt exige habituellement plus d'étude, plus de circonspection, plus de solennelles discussions qu'un dégrévement; que celui-ci s'opère par une ordonnance, l'autre par une décision législative.

Conséquemment, dans le système d'impôt, on aura moins à craindre des mesures inattendues, des perturbations subites et brisant à l'improviste les spéculations commencées.

Nous le répétons, les changements brusques sont fâcheux pour toutes transactions commerciales, et sont éminemment funestes quand il s'agit des opérations d'une industrie qui, comme celle de la sucrerie indigène, exige des apprêts extrêmement longs, et qui, pendant seize mois, peut-être, prépare une culture difficile et dispose sa fabrication, avant de pouvoir amener ses produits sur le marché.

Nous répéterons aussi, et sans nous lasser, que les changements ne doivent être opérés qu'en parfaite connaissance de cause : pour venir demander à changer des rapports établis par une loi entre deux industries rivales, il faut avoir acquis les effets de la loi et les avoir appréciés ; il faut attendre les délais exigés par le législateur et fondés sur les préparations nécessitées par la fabrication ; il faut que la sanction de l'expérience et des études sérieuses soient venues donner de la force aux assertions ; il faut qu'on apprenne si, sous l'empire de la législation qui régit les colonies et la sucrerie indigène, les premières dépérissent et diminuent leur production, et si la seconde continue à prendre de l'extension, ou si, au contraire, on ne verra pas incessamment des fabriques modérer leurs travaux, quelques-unes les suspendre entièrement, d'autres enfin, et en grand nombre, arriver à une catastrophe irremédiable. S'il en était ainsi, tout changement à la législation serait inutile ; la production diminuerait et les prix se relèveraient ; de sorte que la production coloniale obtiendrait bientôt tous les avantages qu'il est permis de lui accorder (1).

Si ces principes sont rationnels et équitables, pour déterminer s'il y a lieu aujourd'hui d'apporter des modifications au tarif des droits sur les sucres, nous avons à constater consciencieusement l'état des choses.

Détermination à prendre dans l'état actuel des choses.

Les colonies annoncent, avec une extrême vivacité et une infatigable persistance, qu'elles sont dans un grand état de souffrance : elles déclarent qu'elles ne peuvent vendre leurs produits qu'à un prix si bas qu'il ne leur laisse que de la perte.

Elles disent vrai : l'abaissement du prix est tel que la bonne quatrième qui, l'an dernier, se vendait 68 fr. les cent livres, se vendait, au 1.er novembre de cette année, 56 fr., et depuis se vend encore moins. Les colons attribuent l'avilissement du prix à la surabondance des sucres,

---

(1) La commission chargée d'examiner la question de l'abaissement du rendement, après avoir reconnu l'opportunité de cette mesure pour deux années, pense qu'il est nécessaire de poser actuellement en principe l'égalité d'impôt pour les sucres coloniaux et indigènes, et d'annoncer dès-à-présent quelle marche on suivra pour arriver a égaliser les tarifs. La commission nous semble faire une chose rationnelle en préférant l'aggravation de l'impôt au dégrévement; mais proposer d'annoncer dès aujourd'hui à quelle époque on augmentera l'impôt dont est chargé le sucre de betterave, c'est ne vouloir pas procéder en connaissance de cause, car on ne peut déterminer en quel moment la sucrerie indigène aura fait assez de progrès pour supporter un droit plus fort, ou c'est vouloir placer les deux industries rivales dans une même situation, dussent nos fabriques être anéanties. Mais pour placer les deux industries dans des conditions d'égalité parfaite, il faudra demander aux colons de renoncer à l'esclavage, il faudra dire à la mère-patrie de cesser de dépenser des millions pour les protéger contre la révolte de leurs nègres ; il faudra exiger d'eux toutes les impositions qu'on fait peser sur les producteurs Français; il faudra les astreindre au service militaire ; il faudra tout cela, et quand tout cela sera fait, il faudra encore se dire qu'on renonce à l'amélioration du sol national, pour favoriser l'extension de la culture de nos îles à sucre.

et cette surabondance à l'exagération de la production indigène ; ils demandent pour remède le dégrévement des sucres coloniaux, afin d'arrêter l'extension de la sucrerie indigène.

Nous avons à rechercher 1.º si la surabondance est réelle, et si elle est la cause de l'avilissement des prix.

2.º Si nos sucreries sont en position d'exagérer leur fabrication.

3.º Si le dégrévement sollicité peut être adopté.

D'abord, la surabondance existe-t-elle ?

L'encombrement est douteux on peu considérable.

Cela est encore douteux : il n'est point constaté que des masses considérables surpassent la consommation ; il est possible, probable si l'on veut, qu'il y ait des produits existants en quantité supérieure à la demande ; mais si cela est, les quantités surabondantes sont faibles. Si l'on faisait les relevés des quantités de sucre qui existent dans les entrepôts, et qu'on les comparât à ceux faits il y a dix ans, on trouverait que les chiffres sont semblables, et cependant il est notoire qu'il n'y a d'approvisionnements ni chez les raffineurs, ni chez les marchands, ni chez les consommateurs : que seraient donc les quantités entreposées si les approvisionnements habituels avaient été faits ?

Aussi, selon nous, il faut attribuer à d'autres causes l'avilissement des prix dont on se plaint : il en est une bien plus certaine que celle qu'on a énoncée : ce sont précisément les réclamations incessantes et impératives des colons ; ils ont demandé un dégrèvement d'une manière si vive et si bruyante ; ils se sont dits si sûrs du succès, qu'ils ont arrêté toute transaction. On est parvenu à persuader au commerce qu'il n'était pas possible que des demandes si hautes et si opiniâtres ne fussent point écoutées ; on s'attendait à un dégrévement, conséquemment, dans l'espoir que les colons pourraient fournir à un prix plus bas encore leurs denrées, puisqu'ils pourraient ne pas profiter de tout l'abaissement des droits et conserver encore un très-grand avantage, chacun s'est abstenu; le raffineur n'a pas fait d'approvisionnement; le négociant s'est contenté de satisfaire aux demandes immédiates; le consommateur n'a songé qu'au besoin de chaque jour; la vente s'est arrêtée, et la consommation a pu diminuer d'une manière définitive, car la consommation des objets d'agrément, lorsqu'elle est différée, est presque toujours perdue.

Ainsi, le mal dont se plaignent les colons, et dont ont à souffrir autant qu'eux les fabricants indigènes, a pour cause principale les réclamations des colons mêmes.

Cependant, l'idée qu'il y avait un encombrement considérable a prévalu, et de fait, cette idée n'était pas sans fondement, car la quantité de sucre demandée était plus faible que celle qui était offerte, puisqu'on n'achetait pas. Mais il n'y avait pas encombrement en ce sens que la production était devenue exagérée; seulement la consommation était suspendue, ou les approvisionnements qui doivent la satisfaire étaient arrêtés.

En l'état actuel les fabriques indigènes ne peuvent prendre d'extension.

Partant de l'idée préconçue que l'encombrement existait, on l'a attribué nécessairement à l'exagération de la fabrication indigène, et l'on a annoncé qu'elle continuait à prendre de l'extension. En vain, on a dit que dans l'état actuel des choses, son existence était menacée. On a nié l'état de souffrance des fabriques de sucre de betterave, on a dit que, loin de travailler à perte, elles faisaient de grands bénéfices; on a dit que si leur perte était réelle, elles n'auraient point continué leurs travaux.

Voyons donc si l'activité des fabriques est une preuve qu'elles ne sont pas en perte.

Leur activité ne prouve pas qu'elles prospèrent.

Ceux qui disent que les travaux qu'exécutent les sucreries françaises prouvent qu'elles font des bénéfices nous semblent n'avoir aucune notion de la fabrication du sucre : il faut qu'ils ne sachent pas combien sont longs les préparatifs de la fabrication. S'ils avaient voulu réfléchir un instant, ils auraient compris que lorsque les baux sont faits, les terres préparées, les betteraves semées ou récoltées, tous les matériaux de la fabrication achetés, il faut fabriquer à tous prix ; car la perte serait désastreuse si on n'employait pas la récolte et les approvisionnements. Les fabricants doivent donc produire du sucre, quel que soit le prix de cette denrée sur le marché français.

Il y a plus, il existe cette année des circonstances qui peuvent faire penser que la production indigène sera plus grande que celle des années précédentes. La saison a été telle que, sur une même surface de terrain, la récolte de betteraves a été beaucoup plus grande que dans les années communes; mais, si la quantité de racines est plus grande, le rendement est plus petit. Ces circonstances donneront de grands bénéfices aux fermiers, sans produire aucun avantage aux fabricants, qui, presque tous, achètent leurs betteraves au poids; enfin, un plus grand nombre d'agriculteurs, dans les départements du Nord, ont cultivé cette plante, parce que les colzas avaient été détruits sans exception pendant l'hiver de 1837—38, de sorte qu'au printemps de grandes quantités de terre étaient disponibles; ils ont pu réaliser l'un des plus notables avantages de la culture de la betterave ; ils ont remplacé par une récolte productive celle qui avait manqué par la rigueur de la saison, et ils ont trouvé les fabricants disposés à traiter avec eux, à l'époque des semailles, parce que les prix des sucres n'étaient pas alors assez bas pour empêcher d'espérer une fabrication lucrative.

On voit donc que la quantité des produits de cette campagne ne sera pas aussi grande qu'on l'imagine (1), et que, d'ailleurs, elle ne prouverait en aucune manière la prospérité de la fabrication, puisque l'augmentation des produits tiendrait à des causes passagères et accidentelles.

Il demeure d'ailleurs évident que les sucreries indigènes sont en perte, car aucune nouvelle fabrique ne s'établit; plusieurs sont en état de faillite, le plus grand nombre n'obtient que difficilement des avances de fonds. La Banque même a limité les crédits des banquiers qui font des avances aux fabricants de sucre.

Il suffit, au surplus, pour constater matériellement que la sucrerie indigène est en perte, de comparer les prix authentiques avec les prix de revient obtenus par les calculs officiels.

Elles sont réellement en perte.

Sur 100 livres de sucre indigène le fabricant obtient :

33	bonne quatrième à 58 fr. (prix de Paris, 1.er novembre 1838) ci.	19 14
33	ordinaire quatrième, à 55 fr., ci.	18 15
34	basses qualités au prix commun de 28 fr., ci.	9 52
100	Prix moyen.	46 81 (2)
	Réduction pour bonification de tare, escompte, commission à raison de 12 1/2 p. 0/0.	5 85
	Reste.	40 96
	A reporter..	40 96

(1) Les relevés de l'administration des contributions indirectes établissent que les produits de cette campagne ne seront pas plus abondants que ceux de l'an dernier.

(2) Tous ces prix sont, depuis, fort diminués. La loi attendue produit ses effets comme si elle était rendue.

Report....	40 96
A déduire pour transport à Paris.......	2 »
Reste........	38 96
A déduire l'impôt....................	5 50
Reste........	33 46
Le prix moyen de revient est de.......	40 (1)
Perte par 100 livres..................	6 54

Et l'année prochaine le droit étant de 8 fr. 25 au lieu de 5 fr. 50, la perte sera de 9 29.

Est-ce que les colonies sont en une pire condition ? pour répondre à cette question d'une manière irréfragable, il nous suffit aussi de prendre les documents officiels.

---

(1) M. Dumas a admis que le prix de revient est de 38 cent., mais tous les fabricants ont protesté contre ce prix, et comme on admet le dire des colons pour établir leur prix de revient, il faut bien admettre aussi celui de nos manufacturiers, si l'on veut être équitable. D'ailleurs, les faits les mieux constatés prouvent que le prix de revient n'est réellement pas inférieur à celui que nous avons adopté. Dernièrement encore, les calculs d'un fabricant qui exploite une sucrerie dans le Puy-de-Dôme et dont les renseignements offrent le caractère de la loyauté la plus parfaite, établissent que le prix de revient des fabriques placées dans les meilleurs conditions est de fr. 0,39. Il faut encore noter que dans le prix que demandent les colonies est compris un bénéfice, ce qui n'est pas pour le prix des sucriers indigènes ; enfin on se rappellera que nous avons dit que le prix colonial pouvait faire ressortir une perte apparente non réelle, puisque nous avons montré que le prix des marchandises que le sucre a payées avait été calculé de manière à permettre des désavantages sur les retours. Il faudrait tenir compte aux fabriques indigènes d'un amortissement considérable puisque l'établissement de leurs usines a été extrêmement dispendieux, et que les changements qu'ils ont dû opérer ont été fort coûteux, tandis que les colons ont un matériel si peu important que l'amortissement est insignifiant. On voit donc que le prix de 40 cent. que nous avons adopté est loin d'être supérieur à la vérité ; il serait même beaucoup trop bas si l'on comptait un bénéfice et un amortissement équitables.

Le sucre de canne donne en moyenne sur 100 livres:

17	belle 4.e à 62 fr. à Paris ou 56 fr. au Hâvre. (1) ci	9 52
33	bonne quatrième à » 54 fr. au Havre.	17 82
33	bonne ordinaire quatrième à 52 fr.	17 16
17	au-dessous de bonne ord.re 4.e 50 fr.	8 50
100	livres pour	53 »
	A déduire pour la taxe coloniale	24 75
	Reste	28 25
	A déduire pour fret, coulage, frais d'entrepôt et autres frais	15 00
	Reste pour le colon	13 25
	On déclare qu'il lui faudrait	20 »
	Perte par 100 livres	6 75

En admettant tous ces chiffres on voit que la situation des sucriers indigènes est, au moins, aussi fâcheuse que celle des colons et que si les circonstances actuelles nuisent aux uns, elles ne portent pas moins préjudice aux autres.

Causes qui rendent les pertes des sucreries moins apparentes.

Il arrive que les calculs qu'on établit pour trouver le rapport du prix moyen des sucres indigènes et des sucres coloniaux avec leur prix de revient respectif, ne donnent pas les mêmes rapports que ceux que nous venons d'établir.

Cela tient à une erreur bien facile à découvrir: on admet, par exemple, que le sucre de betterave et le sucre

(1) La différence des prix de Paris au Hâvre vient de différences dans les conditions de vente: par exemple, l'escompte de Paris est de 5 %, celui du Hâvre de 3 %. La tare est aussi plus grande à Paris qu'au Hâvre, etc.

de canne donnent des qualités semblables en quantité proportionnelle, tandis qu'il est prouvé, par les chiffres incontestables que nous avons posés plus haut, que le sucre de betterave donne proportionnellement plus de basses qualités. Il résulte de cette différence que si, pour établir le bénéfice du fabricant et celui du colon, on prend le prix de la bonne quatrième, par exemple, on attribuera au fabricant indigène un plus grand bénéfice qu'il n'obtient réellement, puisqu'une plus grande masse de ses produits seront au-dessous des qualités moyennes et que conséquemment son prix moyen est fort au-dessous du prix de la qualité moyenne. C'est ce qui a lieu effectivement, puisqu'on peut reconnaître, par les calculs que nous avons donnés, que le prix moyen de vente du sucre indigène est de........................ 46 81

Le prix de la bonne quatrième de........ 58 00

D'où il résulte que le prix moyen ressort à. 11 19 au-dessous de la bonne 4.e

Le sucre de canne au contraire donnant un prix moyen de vente de............................ 53 »

Et la bonne quatrième étant au prix de..... 54 »

Il en résulte que le prix moyen ressort à..... 1 » au-dessous de la bonne quatrième (1).

---

(1) Ces considérations expliquent un fait qui pourrait paraître singulier aux esprits inattentifs ; le tableau des prix que nous venons de présenter montre que le prix de revient du sucre indigène est de 38 à 40 centimes, le colon laisse son sucre à 28 1/4 centimes à l'entrepôt ; sur les deux produits il y a (avec le droit de cette année) une perte semblable, qui conséquemment fait compensation, et d'après ce, pour établir l'équilibre entre 38 et 28 1/4, il ne faudrait pas une différence de droit de 16 centimes 1/4, mais seulement de 10. Il en devrait être effectivement ainsi, si la marchandise donnée au prix de 0,38 était égale à celle de 0,28, mais cette

Cela dépend de la nature de la plante qui le produit, et aussi de ce que les colons exportent pour les Etats-Unis leurs mélasses, contenant encore les bas produits, et l'on a des raisons de croire que ces bas produits ne sont pas comptés dans leurs bénéfices, de sorte qu'ils seraient réellement moins en perte qu'on ne le suppose.

Il faut noter encore que, à qualité égale, le sucre indigène vaut 2 fr. (1) moins que le sucre exotique, à cause de la moindre valeur des bas produits qu'on en retire au raffinage.

Il résulte de ces faits :

Que la situation des fabricants indigènes est au moins aussi fâcheuse que celle des colons ;

Que non-seulement actuellement ils éprouvent des pertes égales à celles des colons, mais que l'année prochaine leur position sera aggravée par l'augmentation de l'impôt, qui de 11 fr. s'élevera à 16 fr. 50 cent. ;

Que la position relative des colons et des producteurs français ne saurait, en aucune manière, justifier un changement dans la législation qui a établi les rapports qui doivent exister entre eux.

Ces considérations seules montrent combien il est impossible d'adopter le dégrévement sollicité par les défenseurs des colonies.

Mais il nous reste à exposer d'autres faits qui démontreront que cette mesure serait inique ;

Qu'elle serait actuellement inefficace;

---

dernière est supérieure en qualité. Voilà pourquoi la première exige une protection plus élevée ; si les colons présentaient sur le marché leur qualité de 0,28 chargée seulement de 10 centimes, les fabricants ne pourraient plus vendre leur qualité à 38 centimes.

(1) Aujourd'hui la différence est de 5 francs.

Et que plus tard elle ferait beaucoup plus qu'on ne veut faire.

Le dégrévement serait effectivement entaché d'iniquité.

Le dégrévement serait inique.

Une loi a été adoptée, après une discussion approfondie, après des enquêtes soigneusement suivies, après des débats contradictoires et l'audition des intérêts opposés; cette loi a établi une relation entre les deux industries rivales; cette relation a été prescrite pour deux années, car la loi a disposé pour deux ans en décrétant la quotité de l'impôt pour 1838 et 1839 : dès-lors il n'appartient plus à personne de changer cet état de choses, car, sous la foi des mesures sanctionnées par les trois pouvoirs, les fabricants ont contracté des baux pour location des terres et livraisons de betteraves; ils ont réglé leurs assolements, fait leurs approvisionnements, changé leurs appareils, pris des engagements de livrer, commencé leurs travaux, soldé leurs ouvriers, obtenu leurs produits. Qui pourrait, au milieu de leurs opérations, venir changer des rapports sur lesquels ils avaient compté, parce qu'ils avaient été législativement établis ? Une loi même ne pourrait détruire une loi qui a pris des engagements avec des tiers, et qui leur a fixé des conditions pour un terme précis.

La loi a prononcé.

Les fabriques indigènes ne peuvent être responsables de toute crise commerciale.

Nous avons reconnu que les nécessités sont pressantes : nous savons que les colonies déclarent qu'elles sont en grande souffrance, qu'elles ne peuvent plus vivre si leur condition ne change pas ; mais nous avons vu aussi que la sucrerie indigène souffre autant que nos Antilles. Pourquoi serait-elle seule responsable des causes qui ont amené la baisse des prix et en serait-elle seule accablée ? pourquoi la rendrait-on passible de la suspension des transactions amenées par les démarches et les doléances des colons ? pourquoi lui imputerait-on la diminution de consommation que doit amener la cherté du pain (1), la stagnation des affaires commerciales ? etc.

Lorsque la volonté du législateur n'aurait pas décidé souverainement la question, serait-il tolérable de faire supporter toujours à l'une des industries rivales tous les sacrifices exigés par les circonstances et de ne demander rien à l'autre ? La sucrerie coloniale se déclare dans un état de crise et vient demander un dégrèvement qui doit rendre intenable la position de sa concurrente. Mais avant d'accéder aux réclamations que formulent si vivement nos colons, ne peut-on leur demander ce qu'ils ont fait pour triompher d'une concurrence qu'ils disent écrasante ? Ils se soulèvent contre une industrie qui a fait les efforts les plus inouis, qui, pour atteindre un perfectionnement, n'a reculé devant aucun risque, aucun travail, aucune dépense, qui a consommé en appareils nouveaux et incessamment changés des capitaux tels qu'aucune manufacture n'a jamais osé en compromettre. Ne peut-on s'enquérir auprès des colons de ce qu'ils ont tenté, eux, pour arriver à produire à meilleur marché : une belle carrière leur est ouverte, car tout le monde s'accorde à dire qu'il y a d'immenses améliorations à effectuer dans le travail des colonies, que les quantités de sucre perdues sont considérables, que les qualités pourraient devenir infiniment plus belles, que les instruments

Les colons n'ont rien tenté pour améliorer leur industrie.

(1) La cherté des céréales doit diminuer beaucoup plus la consommation du sucre que ne doit l'augmenter l'abaissement de prix de cette denrée : car, en moyenne, chaque individu consomme en France 3 hectolitres 1/2 de céréales en nombre rond : si le prix des céréales passe de 19 fr. à 29, il y a une augmentation de dépense pour chaque individu de 35 francs qu'il faut qu'il économise sur ses autres dépenses. En France chaque individu consomme 4 à 5 livres de sucre par an ; une diminution de 1 à 2 sols sur le prix, ce qui est considérable sur une valeur de douze sols, par exemple, fait une différence de 8 à 10 sols par an.

sont grossiers et défectueux, que les procédés sont vicieux en tous points; et cependant les colons restent stationnaires. Au lieu de demander au travail des avantages qu'ils obtiendraieut si facilement et qu'on ne leur envierait pas, ils n'ont pas d'autres moyens que de solliciter des mesures qui écraseraient des usines qui ont fait mille efforts pour soutenir la concurrence d'une manière utile au pays.

On doit croire qu'on ne voudra pas anéantir des droits si laborieusement et si chèrement acquis; on ne tuera pas une industrie qui amène forcément à sa suite les plus heureuses améliorations agricoles; on ne détruira pas un immense capital français; on ne ruinera pas des industriels qui travaillaient pleins de confiance en la loi du pays qui avait réglé leur sort pour deux années; on ne rapportera pas une législation profondément méditée avant d'en avoir pu apprécier les effets; on ne l'annulera pas avant qu'elle ait été appliquée; on n'en changera pas les dispositions, quand il est patent qu'aux prix où sont les sucres les fabriques indigènes sont en perte, et que conséquemment les unes seront bientôt fermées, les autres devront s'astreindre à ne donner d'activité à leurs travaux que pendant les mois les plus favorables de la campagne; on ne conduira pas ainsi nos industriels à la banqueroute, quand ce désastre n'est nullement nécessaire pour maintenir la fortune de leurs rivaux, quand il n'aura pour effet que de donner aux îles à esclaves des bénéfices exorbitants, de diminuer les recettes du trésor, de porter à un prix excessif une denrée devenue de première nécessité, en privant le consommateur des quantités réclamées par les besoins actuels.

De telles résolutions seraient déplorables; elles ne pourront être adoptées par les représentants du pays.

Les faits que nous avons exposés sont si vrais que peut-être on pourrait se dispenser d'aller plus loin et de rechercher si les moyens proposés par les colons seront efficaces, si le dégrévement fera cesser immédiatement le mal dont on se plaint, et si ensuite il ne fera pas plus qu'on ne veut faire. Cependant, nous nous livrerons à cet examen, car la justice a rarement gain de cause lorsqu'elle se trouve en lutte avec des intérêts actifs : le bon droit des fabricants indigènes sera plus sûr de triompher si nous démontrons que le dégrévement ne répondra nullement à l'attente de ceux qui sont partisans de cette mesure.

Le dégrèvement, en effet, ne peut être considéré comme un remède immédiatement efficace. La cause du mal est, dit-on, la surabondance des produits : le dégrévement des sucres coloniaux ne peut faire cesser l'encombrement du marché. Cela est de toute évidence : les produits existants ne peuvent être annulés par cette mesure, et la fabrication commencée ne peut être interrompue, à quelque prix que se vendent les produits; car l'interruption serait un véritable désastre. Ainsi, l'état du marché sera le même. Que va-t-il se passer si on accueille favorablement la demande des colons? Ils espèrent que les prix resteront ce qu'ils sont aujourd'hui; qu'alors ils vendront leurs produits avec un avantage marqué; car ils annoncent une perte de 6 fr. 75 c., et ils demandent un dégrévement de 16 fr. 50 c. Ils gagneraient donc 9 fr. 75 c. de plus qu'il n'est nécessaire pour qu'ils soient en bonne position. Cela se passerait ainsi, si les fabricants indigènes n'avaient pas besoin de vendre; mais on sait, de reste, que la plupart n'ont pas les capitaux nécessaires pour conserver les produits de leur fabrique, et que conséquemment ils sont forcés de rentrer immédiatement, par la vente, dans les avances qu'ils ont faites.

Le dégrève-ment serait actuellem^t. inefficace.

Il arrivera de là que les prix baisseront en raison de la quotité du dégrévement, s'établissant, comme aujourd'hui, d'après les quantités offertes à la vente et l'étendue de la demande faite par le consommateur : les colons n'en seront pas plus riches. Tels seront les effets immédiats du dégrévement.

Les colons savent bien que les choses se passeront ainsi ; mais ils n'ont demandé le dégrévement instantané que parce qu'ils espéraient l'enlever par une ordonnance, et qu'ils comptent peu l'obtenir par une loi ; ils l'ont demandé de toute leur force, parce qu'ils comptent sur ses effets futurs ; s'il ne les met pas actuellement dans une position heureuse, dans un temps prochain il les placera dans la situation la plus désirable ; mais à des conditions que nécessairement on ne voudra pas accepter ; car il fera plus qu'on ne veut faire.

Le dégrèvement ira ensuite au-delà du but.

Effectivement, en causant la ruine des sucreries indigènes, en les frappant de mort inévitablement, bientôt il rendra les produits plus rares ; les colonies seront seules appelées à approvisionner le marché français et ne pourront satisfaire aux demandes de la consommation ; les prix hausseront et nos établissements d'outre-mer profiteront, non-seulement de l'augmentation du prix, mais encore de toute la diminution de droits consentie par l'état ; le fisc restera privé de la recette qu'il obtient et de grands sacrifices seront imposés au consommateur ; car la rareté du sucre le portera à un prix très-élevé.

Il causera la rareté et la cherté des produits et frustrera le fisc.

La betterave ne pourra plus combler ce déficit.

Dira-t-on alors que le sucre de betterave pourra se présenter de nouveau sur le marché avec avantage ? Mais on ne doit pas oublier que le capital qui était engagé dans la sucrerie indigène sera anéanti, et que d'autres industriels n'auront point l'envie de commettre leur fortune dans une fabrication si périlleuse. La leçon donnée à leurs devanciers aura été trop dure pour qu'ils imitent un exemple funeste.

Dira-t-on aussi que l'on empêchera tout à la fois les pertes du fisc et l'exagération excessive des prix en laissant entrer les sucres étrangers ? Ainsi, en dernière analyse, on aurait détruit la plus belle industrie agricole pour donner des bénéfices exagérés à des îles onéreuses à la France et pour enrichir les étrangers; et encore n'est-il pas bien sûr que l'entrée de notre marché pourra être ouverte à ces derniers producteurs; des intérêts assez puissants pour écraser une industrie qui promet d'améliorer l'agriculture nationale n'auront-ils pas assez de force pour repousser les sucres provenant d'établissements qui ne sont pas français?

L'admission des sucres étrangers sera difficile.

Avant qu'on songe à admettre les sucres de provenances étrangères, en abaissant d'une manière énorme le droit différentiel qui pèse sur eux, on aura trouvé des moyens de combler une partie du déficit éprouvé par le marché français. Ces moyens seront l'établissement de cultures nouvelles dans les conditions les plus défavorables et la fraude.

Les prix étant devenus excessifs, il deviendra possible de consacrer encore à la culture de la canne quelques terrains tout-à-fait impropres à cette plante : les colons dont les plantations sont favorablement situées feront d'énormes bénéfices; les autres seront dans une condition médiocre, et leur prix de revient très-élevé, leurs souffrances semblables à celles qu'on étale aujourd'hui, seront bien suffisantes pour empêcher d'abaisser le droit différentiel : il restera ce qu'il est aujourd'hui.

L'immense différence qui existera, après le dégrèvement, entre le droit placé sur les sucres coloniaux et les sucres étrangers, sera une nouvelle prime donnée à la

La fraude sera plus étendue.

fraude, qu'on suppose déjà, dans l'état actuel, être considérable. Ainsi, ce sera elle qui sera chargée d'apporter les quantités qui manqueront aux consommateurs et qu'on nous dira être produites par les cultures récentes; ce sera la contrebande qui se fera aux Antilles qui profitera de la ruine de nos campagnes; et le commerce colonial trouvera dans le lucre qu'assurera un approvisionnement frauduleux, de nouveaux motifs de s'opposer, avec une énergie toujours croissante, à l'abaissement du tarif sur les sucres étrangers. En un tel état de choses, il réussira à faire prévaloir ses prétentions : n'est-il pas vrai que nous avons vu le sucre raffiné à 1 fr. 80 c. la livre, sans qu'on ait songé à nous laisser approvisionner chez les étrangers?

Ainsi, les changements qu'on veut opérer dans les tarifs n'apporteraient aucun soulagement au malaise actuel, et pour l'avenir ils feraient plus qu'on ne veut faire : ils commenceront par consommer la ruine totale du producteur indigène; ensuite ils procureront aux colons des bénéfices exagérés; ils lèseront le fisc de toute la quotité du dégrèvement et le consommateur de toute l'augmentation de prix amenée par la rareté; si le déficit devient trop considérable, il sera comblé par une augmentation de culture, autant qu'elle puisse s'opérer dans les plus mauvaises situations, et par la fraude qui aura reçu une nouvelle prime.

Résultats définitifs du dégrèvement.

La perte causée à la France par la destruction de la sucrerie indigène est facile à calculer par tout ce que nous avons dit : on connaît le capital engagé, le nombre des ouvriers occupés, la surface des terres qui vont être fertilisées, soit directement, soit par l'exemple et l'enseignement pratique des bonnes méthodes agricoles.

La perte faite par le consommateur français, en raison du renchérissement du sucre, est facile à apprécier par les détails dans lesquels nous sommes entrés, page 59. On comprend effectivement tout ce que devront dépenser inutilement les habitants de la France, si le sucre raffiné, aujourd'hui à 0 fr. 77 1/2 c. la livre, revient à 1 fr. 80 c., prix de 1815. Cette exagération excessive n'est peut-être pas supposable ; mais enfin, il est vrai que notre prix sera un prix de disette, puisque les quantités fournies par les colonies ne seront pas égales aux besoins ; et cependant, dans les années de la restauration, la production a pu suivre les progrès de la consommation.

La perte du fisc n'est pas difficile à calculer : si on admet le dégrévement de 16 fr. 50 c. sur 80 millions de kilogrammes, ce sera une perte de 13 millions 200 mille francs. On ne peut regarder comme compensation le droit perçu sur les quantités qui dépasseront 80 millions, quantité actuellement importée, puisqu'on aura perdu les droits de 16 fr. 50 c. imposés sur le sucre de betterave. En effet, admettons qu'on introduise, au-delà des 80 millions, 40 millions produits par l'exagération de la culture coloniale et la fraude ; ces 40 millions, importés au droit réduit à 32 fr. 50 c., produiraient 12 millions 900 mille francs. Si on avait laissé exister la sucrerie indigène, qui produit déjà 50 millions, la quantité consommée au-delà des 80 millions fût devenue double, en raison de l'abaissement considérable du prix et de l'aisance générale produite par la culture de la betterave ; le droit payé par le sucre eût été de 16 fr. 50 c., c'est-à-dire plus de moitié du droit colonial, il y aurait donc eu plus que compensation pour le fisc.

La quantité de la consommation ne se fût-elle point accrue, ce qui est de toute impossibilité, le Trésor serait de même resté en perte, car il aurait perdu par le dégrévement 13 millions 200 mille francs, par la suppression du sucre de betterave, 6 millions 600 mille francs, et il n'aurait gagné sur le sucre entré pour remplacer le sucre de betterave, que 12 millions 900 mille francs. Si les quantités manquant à la consommation étaient remplacées par des sucres étrangers payant le droit actuel, le trésor trouverait une compensation. Mais après le dégrèvement, la différence de droits serait si grande, que la fraude se ferait avec ardeur, et si on diminuait les droits des sucres étrangers dans une proportion suffisante, le fisc n'y gagnerait rien, puisqu'il rentrerait dans les conditions où il se trouve avec le sucre colonial.

La perte du fisc est donc assurée.

Enfin l'exagération du bénéfice du colon est facile à saisir, en se rappelant les calculs que nous avons faits, page 63.

Nous venons d'analyser les effets du dégrévement, et nous avons trouvé cette mesure désastreuse pour la sucrerie indigène, pour le fisc, pour le consommateur français. Les malheurs qui suivraient cette mesure sont si réels et si profonds, qu'il n'est pas possible d'admettre qu'on y ait recours.

Moyens de diminuer les maux existants.

Cependant les maux dont on se plaint sont véritables; il est urgent de les adoucir : il y a quelque chose à faire, nous le pensons.

Nous devons donc dire quels sont les moyens à employer pour adoucir des souffrances réelles. Selon nous, il faut avoir recours à des moyens temporaires qui permettent d'attendre que des études consciencieuses et désintéressées aient révélé toute la vérité, et qu'une expérience décisive, et qui sera prochaine, ne puisse laisser aucun doute sur les allégations faites par les intérêts opposés; il faut laisser la loi suivre son cours. Alors on saura ce qu'elle a produit, et l'on osera recourir aux moyens définitifs propres à établir une juste pondération entre deux industries qu'on veut conserver.

Examinons donc les moyens transitoires qu'on peut employer.

Ces moyens ne seront rationnels et efficaces qu'autant qu'ils attaqueront directement le mal.

On a considéré comme cause des pertes qu'éprouve la sucrerie la surabondance de ses produits et la défiance que l'instabilité de la législation donne au commerce.

Pour faire cesser cette dernière cause, il faut décider une fois pour toutes la grave question qui s'agite. Il faut proclamer les principes qu'on veut admettre comme règle permanente et incommutable. Nous avons dit quels sont ceux qui nous paraissent équitables et conformes aux intérêts de la France.

Pour faire cesser la surabondance, trois moyens se présentent : 1.° Exporter directement les sucres qui causent encombrement sur le marché français ; 2.° Réexporter ceux qui sont arrivés dans nos entrepôts; 3.° Permettre à nos raffineurs de vendre aux étrangers les sucres qu'ils auront travaillés.

Exportation directe des sucres coloniaux.

L'exportation directe des sucres coloniaux a trouvé de graves oppositions :

D'abord on a dit que nos colonies ne pouvaient exporter leurs produits à l'étranger sans recevoir en échange des marchandises étrangères et sans cesser de s'approvisionner dans les manufactures nationales : cela est vrai jusqu'à un certain point ; mais il faut faire attention que si le sucre colonial s'exporte, ce sera pour faire place au sucre indigène ; que la production de celui-ci amène une consommation au moins égale de produits manufacturés, et que conséquemment notre industrie n'est point en perte. Il faut remarquer, en outre, que si l'encombrement est tel que la vente des sucres ne puisse s'opérer, ou que le prix soit si bas que la ruine des colons soit imminente, ceux-ci ne peuvent rien demander à nos manufactures, puisqu'ils ne pourraient pas les payer. Nos manufacturiers sont donc intéressés à ce qu'on fasse cesser l'encombrement, et que, par l'exportation de faibles quantités, on facilite la vente avantageuse des sucres restant. Les colons auraient alors la faculté d'acheter les objets que nous sommes en position de leur fournir.

On a dit aussi que l'exportation directe nuirait à notre navigation. Nous ne savons trop comment ; nos vaisseaux porteraient les sucres à l'étranger ; ils rapporteraient des contrées auxquelles ils aborderaient les marchandises que les colonies y pourraient prendre ; et même, se trouvant aux lieux de production de certaines marchandises dont la France ne peut se passer, ils seraient en position de conduire dans nos ports des denrées qui nous sont apportées par des navires étrangers. Nous sommes entrés dans quelques détails à ce sujet ; nous n'avons pas besoin d'en dire davantage pour qu'on sente que l'exportation directe n'a point d'inconvénients pour notre marine.

Un seul et mince dommage résulterait de l'exportation directe : les commissionnaires des ports perdraient leurs droits sur les quantités qui ne seraient point apportées en France ; le bénéfice qu'ils auraient fait appartiendra aux courtiers qui placent les sucres indigènes. Mais derrière ces intérêts, il en est un autre qui a une bien plus grande énergie c'est celui de la spéculation, qui ne s'accommode pas du placement des sucres sur les marchés étrangers et qui n'admet pas une telle mesure quand elle est prise pour laisser sur les marchés français un produit dont elle n'est pas maitresse de régler le prix. C'est toujours là qu'on arrive : cela explique pourquoi on trouve parmi les représentants des ports des hommes qui sont si exclusifs dans leurs demandes. Mais leur prétention au monopole commercial ne pourra jamais empêcher l'adoption de mesures qui auraient pour but d'empêcher la ruine de deux grandes industries.

Réexportation.

La réexportation rencontrerait un peu moins d'opposition, parce que les commissionnaires des villes maritimes ne se dessaisiraient des produits coloniaux qu'après avoir prélevé le bénéfice qui semble leur être inféodé. Notre navigation et nos manufactures n'auraient pas plus de lésion à éprouver que dans le cas d'exportation directe. Mais des objections seront encore soulevées par le commerce de spéculation. Pour nous, nous adoptons la réexportation pour autant qu'elle soit possible. Mais il faut convenir qu'en bien des circonstances, les frais de transport en France et les frais de réexportation éleveront le prix des sucres assez haut pour qu'on ne puisse les vendre sur les marchés étrangers, en concurrence avec les sucres des autres provenances. Par exemple, on admettra difficilement que le sucre de la Guadeloupe puisse être apporté au Hâvre pour être conduit ensuite aux Etats-Unis : cela peut arriver; mais ce sera par exception, et l'on ne doit pas croire que la réexportation améliore à un instant voulu la situation de notre marché. Il y a cependant quelques lieux qui nous promettent une réexportation constante et abondante des sucres coloniaux, ce sont les colonies que nous fondons sur la côte algérienne, qui peuvent consommer de grandes quantités, qui leur seront fournies, soit par la réexportation, soit par l'exportation directe.

Ces moyens que nous venons d'indiquer sont utiles, et il faudrait les mettre en pratique; mais ils ne pourraient sans doute être adoptés, sans qu'on songeât à modifier le système de douanes qui régit nos colonies. Aussi, ils ne pourraient produire d'effets qu'à une époque plus ou moins éloignée. Le moyen dont il nous reste à traiter a semblé plus immédiatement efficace : nous voulons parler de l'abaissement du rendement des sucres raffinés.

Abaissement du rendement des sucres raffinés.

On sait que le sucre brut soumis au raffinage ne donne pas le même poids en sucre raffiné, parce qu'il est débarrassé de l'eau, des impuretés et de la mélasse qu'il contenait. La loi admet que cent livres de sucre brut donneront soixante-quinze livres de sucre raffiné, et par conséquent, elle rembourse, à celui qui exporte soixante-quinze livres de sucre raffiné, le droit qui a été perçu à l'entrée sur cent livres de sucre brut. Si l'évaluation du rendement a été exacte, le fisc rembourse exactement ce qu'il a perçu. Conséquemment, il n'est nullement frustré, et il ne reste en France aucune partie de sucre exempte de droits : la mélasse seule ne paie pas d'impôt. Or, le rendement fixé par la loi à 75 p. 0/0 n'est pas éloigné du rendement réel.

Si, au contraire, on admet un rendement plus bas, 60 ou 65 pour 0/0, par exemple, et si, par suite, on rembourse à celui qui exportera 60 ou 65 livres de sucre raffiné le droit perçu sur cent livres, il est évident, dans le cas où le rendement aurait été de 75, qu'il reste en France 15 ou 10 livres de sucre qui n'ont pas payé le droit. Le fisc éprouvera alors une perte plus ou moins grande, selon qu'il y aura une plus ou moins grande différence entre le rendement *légal* et le rendement réel.

C'est ce qui est arrivé avant 1830 : le rendement était fixé à un taux trop bas ; le Trésor a éprouvé des pertes considérables ; il y avait évidemment abus.

Il n'y a pas le moindre doute que sous le rapport fiscal, il faut s'efforcer de faire arriver le rendement légal le plus près possible du rendement réel. Mais si l'on veut permettre l'exportation du sucre travaillé par les raffineries françaises, et si l'on désire qu'il trouve place sur les marchés étrangers, il faut tenir compte du rendement qu'ont établi les législations des pays qui se livrent, comme nous, au raffinage.

Or, l'Angleterre admet un rendement de 66 2/3 pour 0/0; encore, la loi anglaise admet-elle au remboursement des droits des qualités que la douane française repousserait certainement à cause de leur infériorité; la Hollande et la Belgique admettent un rendement de 57 pour 0/0.

Si l'on veut que nos sucres s'exportent, il faut donc qu'ils puissent soutenir la concurrence avec les produits fournis par les nations rivales; il faut donc abaisser le rendement au taux admis par ces nations, par exemple, au taux de l'Angleterre, soit 66 2/3.

On estime qu'à ce taux nos raffineurs pourraient placer au-dehors 20 millions de kilogrammes représentant 30 millions de kilogrammes de sucre brut. C'est plus qu'il n'en faut pour faire cesser l'encombrement qui gêne notre marché, et ramener les sucres à un prix qui permette aux producteurs de faire un bénéfice suffisant.

Il est évident qu'en adoptant ce système le trésor fera un sacrifice, car si le rendement admis par la loi est véritablement inférieur au rendement obtenu en fabrique, tous les excédants resteront en France libres d'impôts, puisque le droit a été remboursé en totalité, sur une quantité qui ne représentait pas la totalité du produit imposé. C'est donc réellement une faveur qu'on demande au gouvernement; c'est une prime qu'on sollicite de lui pour faire évacuer le trop plein qui place les sucriers dans une fâcheuse position.

Ce qui s'est passé sous la législation qui a précédé celle

qui nous régit n'est pas fait pour engager à entrer dans une pareille voie, mais à l'époque dont nous voulons parler il y avait de graves abus, et, selon nous, il est possible de restreindre la mesure dans des limites telles que chose pareille ne puisse plus se reproduire.

L'abaissement du rendement n'est applicable qu'aux sucres coloniaux.

Nous pensons qu'il faut d'abord que la différence du rendement légal au rendement réel ne soit pas trop grande, et ensuite que le rendement de faveur ne soit accordé qu'à l'exportation du sucre raffiné provenant des sucres coloniaux et non des sucres étrangers.

Par ces moyens on peut faire que la perte éprouvée par le trésor soit beaucoup moindre que celle qu'il aurait à subir si, au lieu de l'abaissement du rendement, il avait adopté le dégrévement des sucres fournis par nos colonies.

En effet, admettons que le rendement de 75, taux qui approche de la réalité, soit abaissé à 66 2/3 p. 0/0, c'est-à-dire des 3/4 aux 2/3. Dans le premier cas, pour être remboursés de la totalité des droits de la matière qu'ils ont travaillée, les raffineurs devront exporter une quantité de sucre raffiné égale aux 3/4; dans le deuxième cas, aux 2/3 seulement.

Supposons qu'ils aient travaillé pour l'exportation 30,000,000 de kilogr. de sucre brut; pour être remboursés ils devront exporter dans le premier cas 22,500,000 kilogr. de sucre raffiné; dans le deuxième, 20,000,000. La différence sera de 2,500,000.

Cette quantité représentera les excédants restant en France, exempts des droits et donnant au raffineur un bénéfice qui lui permettra de soutenir la concurrence sur les marchés étrangers. Le droit sur le sucre brut est de 49 fr. 50 c. par 100 kilogr. Le trésor éprouve donc la perte de ce droit sur la quantité de sucre brut nécessaire pour constituer 2,500,000 k. de sucre raffiné, soit 3,333,333 kilogr. de sucre brut ; sa perte sera donc de 1,799,999 fr.

Si l'on avait admis un dégrévement de 16 fr. 50 c. par 100 kilogr. perçu sur 80 millions de kilogr. seulement, cela aurait amené un déficit de 13,200,000 fr. dans les caisses de l'état, c'est-à-dire que le fisc aurait gagné 11,400,001 fr. à adopter l'abaissement de rendement de préférence au dégrévement.

A la somme que le trésor perdra à cause de l'exemption de droits accordée aux excédants des raffineries, on dira qu'il faut ajouter la somme remboursée sur les sucres exportés, lesquels auraient acquitté une taxe s'ils avaient été livrés à la consommation intérieure. Mais il faut faire attention que l'on ne demande l'exportation de ces quantités que parce qu'elles sont surabondantes, qu'elles restent dans les entrepôts et que par conséquent elles ne sont pas consommées. Le trésor ne perd donc rien à les laisser exporter, puisqu'elles ne peuvent trouver acheteur. Sans doute, si l'abaissement de rendement devait être une mesure définitive, et s'il devait exciter une plus grande activité de la production intérieure, il faudrait considérer le trésor comme étant en perte du droit qu'auraient payé les quantités exportées. Mais tant que l'abaissement de rendement ne sera qu'une mesure transitoire appliquée aux cas d'encombrement, il ne causera au trésor que la perte du droit sur les excédants des raffineries qui sont laissés à la consommation intérieure.

On trouve encore d'autres motifs d'appréhender que la mesure proposée ne cause de fortes pertes au trésor. En raison de ce qui s'est passé antérieurement, on craint que les sommes allouées en primes ne deviennent beaucoup plus considérables. Il est clair cependant que si on restreint le rendement de faveur au sucre colonial, et qu'on ne l'accorde pas au sucre étranger, les remboursements opérés par le trésor ne pourront dépasser les sommes que nous avons indiquées; en effet, la mesure porte son correctif en elle-même : si le sucre colonial s'exporte, bientôt les quantités restant disponibles dans nos magasins diminueront : la rareté fera hausser le prix, ce qui est précisément le but de nos efforts ; les prix étant relevés, nos raffineurs ne pourront soutenir la concurrence sur les marchés étrangers approvisionnés par des nations chez lesquelles les sucres sont à un prix inférieur : l'exportation cessera donc naturellement, dès l'instant que le but cherché sera atteint, et le gouvernement ne peut jamais craindre de perdre le droit sur des quantités considérables.

Autrefois on remboursait les droits sur les sucres étrangers, dont les quantités étaient, pour ainsi dire, indéterminées ; la différence du rendement admis par la douane au rendement réel était très-grande, de sorte que les quantités restant en France, sans subir l'impôt, étaient considérables, et que le trésor perdait les droits sur la majeure partie des sucres livrés à la consommation.

Dans le système que nous proposons on serait à l'abri de pareils résultats : l'exportation trouve sa restriction dans ses propres effets, dès qu'elle agit sur des quantités déterminées. Il y a donc nécessité rigoureuse de ne point accorder aux sucres étrangers la faveur dont on prétend faire jouir les sucres de nos colonies, si l'on ne veut pas que les finances de la France éprouvent un déficit notable.

Il est une raison encore plus forte que celle-là qui doit empêcher d'étendre au sucre étranger les avantages que nous proposons de réserver au sucre colonial ; c'est que si la mesure était appliquée aux sucres de toutes provenances, elle n'aurait plus pour effet d'alléger les souffrances de nos colonies et de notre sucrerie indigène; loin de là, elle aggraverait leur position.

Cela est facile à comprendre : si nos raffineurs peuvent travailler les sucres étrangers et obtenir un rendement aussi bas que celui concédé aux sucres de nos colonies, ils opéreront de préférence sur les premiers, puisque à l'entrepôt, lorsqu'ils sont débarrassés de tout droit, ils sont à meilleur marché (1), de sorte que les trente millions de kilogrammes qu'on espérait demander à notre production pour diminuer l'encombrement de notre marché, seront demandés à la production étrangère.

Il résultera de là qu'on n'aura pas diminué les quantités dépassant les besoins de notre consommation, puisque ce seront des sucres étrangers qui auront été exportés; ceux de nos îles continueront à rester sans emploi dans nos ports, et, qui pis est, la masse, conservée à l'intérieur, sera accrue : en effet, si le rendement abaissé laisse des excédants, toute cette quantité reste sur notre marché et y reste sans payer d'impôt : ainsi, si le rendement est abaissé à 66 2/3 p. 0/0 au lieu de 75 p. 0/0 et qu'on opère sur 30 millions de sucre brut, la quantité totale des excédants s'élevera à 3,333,333 kilog. Conséquemment la

---

(1) On peut évaluer cette différence par les remarques suivantes : Les raffineurs de Marseille exportent parfois des raffinés provenant de sucres coloniaux; pour obtenir le draw-back des sucres étrangers, à savoir 93 fr. 50 centimes au lieu du draw-back des sucres coloniaux, qui s'élève à 49 fr. 50 centimes, ils achètent à Bordeaux des quittances de droits de douane sur les sucres étrangers. Ces quittances se vendent toujours moins que la différence de droit, qui est de 44 francs. Depuis 5 ans leur prix a varié de fr. 34 à fr. 42, 50 cent.; cette différence de 10 francs à 1 fr. 50 centimes exprime la différence de valeur des sucres coloniaux et étrangers. Aux prix réduits où se trouvaient les produits de nos colonies au 1.er novembre, ils sont encore un peu plus chers que ceux des provenances étrangères, mais non aujourd'hui.

masse de nos sucres sera augmentée de cette quantité, laquelle, étant exempte de droits, aura un avantage marqué sur le sucre colonial et le sucre de betteraves.

Mais de plus, le raffinage ne se bornera pas à cette quantité, car n'opérant plus sur une quantité déterminée, il ne sera pas arrêté par une augmentation de prix, résultat d'une rareté de la denrée.

Il est encore une autre cause qui augmentera la masse des sucres qui resteront à l'intérieur. Aujourd'hui le rendement étant à 75 pour 0/0, le placement des sucres raffinés sur les marchés étrangers est difficile, de sorte que nos raffineurs, lorsqu'ils craignent du retard et conséquemment une perte d'intérêt, aiment mieux opérer le raffinage des sucres coloniaux que des étrangers, pour lesquels ils auraient dû acquitter un droit presque double. Ils préfèrent d'autant plus laisser les sucres étrangers malgré la différence de leurs prix, que si le placement des sucres raffinés devient très-difficile, ils courent le risque ou de les placer à perte, ou d'être déchus du draw-back, puisque la déchéance est prononcée au bout de six mois; dans ce cas, ils seraient forcés de livrer à la consommation intérieure des sucres qui auraient payé un droit de 93, 50 au lieu de fr. 49, 50.

De telles appréhensions n'auraient probablement plus lieu, si le rendement était abaissé à 66 2/3. Car les placements deviendraient bien plus faciles; conséquemment les quantités de sucres coloniaux qui sont actuellement raffinées pour l'étranger resteraient dans nos entrepôts et concourraient à augmenter l'encombrement.

Ainsi, en consentant à ce que les sucres étrangers fussent admis à la faveur que nous réclamons pour les sucres coloniaux, on aurait fait supporter au trésor une perte importante, on n'aurait pas débarrassé le marché des quantités qui l'encombrent ; loin de là, on les aurait augmentées de tous les excédants de la raffinerie, qui pourraient se vendre à plus bas prix, puisqu'ils n'auraient pas payé l'impôt; de sorte que les prix qu'on voulait hausser seraient encore plus avilis, et la perte des colons et des producteurs indigènes plus grande encore.

Il est donc indispensable de réserver l'abaissement du rendement aux sucres coloniaux, si l'on veut que la mesure soit favorable aux producteurs français, et si l'on veut que le sacrifice du trésor soit limité, et ne s'élève pas de nouveau à des sommes énormes. On est certain alors que l'exportation se modérera elle-même, par la hausse qu'elle fera éprouver à la denrée sur laquelle elle opère (1).

Objection contre l'abaissement du rendement.

On présente cependant une objection contre la certitude de cette limitation naturelle. On dit qu'elle n'arriverait pas, bien que l'abaissement du rendement fût restreint au sucre colonial, parce que le sucre de betterave est illimité dans ses quantités, que, conséquemment, il viendrait combler tous les vides opérés par l'exportation des produits coloniaux; que conséquemment le trésor pourrait perdre la totalité des droits perçus sur ces derniers, puisqu'on pourrait aller jusqu'à en exporter la totalité, en ne laissant à l'intérieur que les excédants qui ne payent pas de droits, et représentent la prime accordée au raffineur.

Au moins, dans cette hypothèse, le trésor n'aurait pas

(1) La commission chargée d'examiner la question de l'abaissement du rendement, a reconnu la nécessité de l'abaisser de 75 °/o à 67; mais elle ne s'est pas prononcée sur la nécessité de n'appliquer cette mesure qu'aux sucres coloniaux. Si l'on veut que la mesure proposée soit utile, on fera la distinction que nous avons indiquée.

fait un sacrifice sans secourir les industries sucrières, puisque la coloniale aurait placé tous ses produits avec avantage, et que l'indigène aurait été appelée à satisfaire à toute la consommation nationale. Mais nous disons nettement que nous ne croyons pas que le fisc puisse faire un pareil sacrifice; que notre système financier ne le permet pas; que le sucre est une matière imposable et que, nécessairement, il doit payer son tribut à l'état. Conséquemment il faut empêcher que les résultats qu'on vient d'annoncer puissent se réaliser jamais. C'est alors qu'il faudra avoir recours aux dispositions législatives que nous avons données comme propres à renfermer chaque production dans une loyale mesure, et à maintenir entre elles le salutaire équilibre que nous espérons voir conserver.

Conséquences d'un refus de conciliation.

Dans la supposition peu vraisemblable que les justes réclamations de l'industrie nationale ne seraient point écoutées, les fabricants de sucre indigène, persuadés que la position dans laquelle on voudrait les placer consommerait complètement leur ruine, ont déclaré qu'il était plus avantageux pour eux d'arriver à une liquidation, et puisqu'ils ont fondé leurs usines sur la foi de la législation existante, ils demandent une indemnité des pertes qu'ils vont subir.

Liquidation des sucreries indigènes.

Leur réclamation, fondée sur la justice, paraît susceptible d'être admise sans lésion pour le trésor, parce que la cessation de la fabrication indigène rendra le dégrévement inutile; par conséquent le fisc n'aura pas à supporter la diminution de recette qu'il doit éprouver par suite de cette mesure; de plus, les quantités de sucre produites par nos usines devront être remplacées par d'autres quantités, qu'elles viennent de nos colonies ou des marchés étrangers; en conséquence les recettes effectuées par la douane deviendront plus considérables, et cette augmentation de perception rendra facile le paiement de l'indemnité réclamée par les fabricants dont les travaux vont être arrêtés.

Pour nous, nous ne pouvons nous engager dans cette discussion : c'est dans l'intérêt de l'agriculture que nous avons entrepris l'examen de la question difficile que soulève la détermination de l'administration ; la liquidation de la fabrication indigène ruinerait les espérances de l'agriculture : nous ne pouvons donc ni l'admettre, ni la discuter. Il nous paraît parfaitement démontré qu'elle serait fatale au pays.

Liquidation des sucreries coloniales.

S'il y avait une liquidation à opérer, à notre avis, ce ne serait pas celle des sucreries indigènes; il faudrait tourner ses regards d'un autre côté : nous sommes en présence d'un fait immense qui frappe déjà la pensée des hommes d'état et qui sera un embarras pour l'avenir; ce fait qui pèse déjà sur la France et sera pour elle la cause d'énormes sacrifices, c'est le terme définitif de l'esclavage dans les colonies européennes. Un jour va venir, et venir promptement, où il ne sera plus possible d'admettre sous la loi française que l'homme peut être la propriété de l'homme. Alors, quand les colons verront qu'ils restent sans force, pour tenir sous le joug les esclaves qui font la richesse et la condition obligatoire de la culture de la canne, quand ils verront qu'il n'y a plus à reculer le terme d'une lutte depuis long-temps engagée et opiniâtrément soutenue, alors ils diront à la métropole qu'elle leur doit le prix de leurs nègres; alors ils diront qu'il leur est dû une indemnité à cause de l'émancipation, que rien ne saurait empêcher et qui ne sera pas le fait de la métropole ; alors il faudra régler un compte où les prétentions seront élevées à des centaines de millions.

Nous ne savons ce qui sera répondu aux colons en cette occurrence ; mais n'est-il pas certain que s'il faut arriver à indemniser les colonies de la perte de leurs esclaves, il serait plus sage de songer maintenant à liquider leurs sucreries qui, seules, s'opposent à l'émancipation ? N'est-il pas certain qu'il faut se garder, dès à présent, de laisser prendre à la culture de la canne plus d'extension, car l'indemnité réclamée par les colons, pour la perte de leurs esclaves, sera d'autant plus élevée que le produit du travail de l'esclave sera plus grand ? N'est-il pas certain enfin, qu'on trouverait injustifiable une résolution qui aurait pour but de sacrifier une industrie pleine de vie et d'avenir à une production qui va périr demain ?

Les faits que révèle un examen attentif ne laissent aucun doute sur la solution de ces questions.

RÉCAPITULATION GÉNÉRALE.

Appréciation des colonies et de la sucrerie indigène.

Nous avons montré quelle était la valeur actuelle, la valeur future des colonies sucrières, quelle était la valeur actuelle, la valeur future de la sucrerie indigène.

Nous avons donné, page 89, le résumé de la comparaison que nous avons faite sous le rapport agricole, commercial, industriel, économique et politique des deux industries qui sont en rivalité.

Préférence.

La conclusion que nous avons tirée de la comparaison impartiale que nous avons établie entre deux industries en lutte, a été que, s'il fallait choisir entre elles, si l'une devait être sacrifiée pour conserver l'autre, il n'y aurait pas à hésiter : la production coloniale devrait succomber devant les avantages de la sucrerie indigène.

Pondération.

Mais nous avons dit qu'il était possible de concilier les deux intérêts.

La difficulté d'établir une pondération équitable entre les deux industries rivales est grande, mais l'impossibilité n'existe pas, parce que la production coloniale est essentiellement bornée.

Elle ne peut produire *utilément* que 80 millions de kilogrammes : il faut les accepter et leur permettre de se placer à un prix convenable, mais il faut renfermer les colonies dans les limites d'une production normale.

Par quels moyens arrivera-t-on à ce résultat ?

En demandant à la législation d'établir un tarif tel qu'il permette de placer les produits coloniaux avec avantage, et en modifiant ce tarif s'ils s'accroissent outre mesure, ou si, au contraire, la production indigène tend à ruiner sa rivale.

La législation aura donc quelque chose de semblable à celle qui règle le commerce des grains ; elle devra reposer sur des faits aussi certains et ne jamais opérer des changements brusques et sans motifs évidents.

Pour opérer les restrictions nécessaires de l'une ou de l'autre production, deux moyens se présentent, le dégrévement et l'impôt : le dégrévement du droit imposé sur les sucres coloniaux évite les difficultés et les frais de l'impôt sur les sucres indigènes, et tend peut-être à en augmenter la consommation.

L'impôt augmente les ressources du trésor ; il n'apportera qu'un faible obstacle à la consommation.

Pour faciliter l'établissement de l'équilibre entre les deux industries rivales, il est utile qu'il y ait un impôt sur les sucres de toute origine afin que, dans tous les cas, on puisse changer la relation entre eux et par l'augmentation de l'impôt de l'un ou le dégrévement de l'autre, en raison de circonstances diverses, telles que l'élévation des prix, l'aisance du consommateur, la quantité des produits, les besoins du fisc, etc.

En thèse générale, cependant, lorsqu'il y aura nécessité de modifier les rapports existants, il faudra préférer le système d'aggravation d'impôt, parce qu'il favorise les intérêts du trésor et qu'il exigera toujours plus de circonspection et permettra conséquemment d'opérer moins de changements dans les dispositions législatives.

En tout état de cause, lorsqu'il s'agira d'apporter des modifications aux tarifs existants, il faudra s'imposer pour règle inflexible d'écarter les prétentions qui, comme les prétentions actuelles, ne reposent que sur des assertions et non sur des faits bien constatés; il ne faudra pas briser une loi avant d'en avoir calculé et expérimenté les effets, il faudra accorder les délais exigés par les préparations indispensables à la fabrication.

Des études sérieuses et la conservation de la législation jusqu'à ce que la nécessité du changement soit évidente, seront des conditions qu'il faudra toujours respecter.

Ce qu'il y a à faire actuellement.

Ces principes étant adoptés, pour déterminer s'il y a lieu *aujourd'hui* de changer les tarifs, il faut constater l'état des fabriques coloniales et indigènes.

Les colonies disent qu'elles sont en perte.

Elles disent vrai.

Elles attribuent leurs pertes à l'avilissement des prix;

Causes du mal.

L'avilissement des prix à l'encombrement du marché;

Celui-ci à l'exagération de la production indigène.

Elles demandent pour remède le dégrévement des sucres coloniaux.

L'encombrement est-il réel ?

Les sucreries indigènes sont-elles en position d'exagérer leur production ?

Le dégrévement peut-il être adopté ?

Voilà les questions à résoudre.

L'encombrement n'est pas régulièrement constaté. Encombrement.

Il n'existe pas de plus grandes quantités dans les entrepôts que pendant les années qui ont précédé celle-ci, et nul approvisionnement n'existe ni chez les raffineurs, ni chez les marchands, ni chez les consommateurs.

Ce qui a arrêté la vente, ce sont les plaintes des colons poussées à un degré de vivacité extrême, l'attente d'un changement de législation qui devait en être la conséquence, et la chance d'une baisse plus ou moins grande qui devait suivre le dégrévement impérativement sollicité.

Ce sont donc ces plaintes mêmes qui sont la cause de la dépréciation dont on se plaint.

Pour prouver l'existence de l'encombrement, on s'est contenté de dire: il doit exister, car la sucrerie indigène prend toujours une plus grande extension; elle tend à prendre plus d'extension parce qu'elle fait des bénéfices considérables, elle fait des bénéfices, puisqu'elle continue à travailler avec activité.

A ces assertions on oppose des faits bien constatés.

En étudiant la nature des opérations des sucreries indigènes, on reconnaît qu'elles ne peuvent les interrompre sans essuyer des pertes désastreuses.

Que, si leur production était plus grande que les années antérieures, des circonstances accidentelles expliqueraient cette augmentation.

Que, par conséquent, cette production ne prouve nullement une situation prospère des fabriques françaises.

En acceptant les prix de revient officiellement adoptés, on prouve directement que leurs pertes sont égales à celles des colons.

Que par conséquent l'an prochain elles seront plus considérables.

Que, si tout le monde n'a pas été frappé de leur fâcheuse position, c'est qu'en évaluant leurs produits on n'a pas voulu voir qu'ils présentaient les qualités supérieures en une moindre proportion que ceux des colonies ; que conséquemment leur prix moyen était beaucoup au-dessous du prix de la qualité moyenne ; que, de plus, à qualités égales, les produits indigènes se vendaient moins cher, à cause de la moindre valeur des bas produits qu'on en retire au raffinage.

Dégrévement du sucre colonial.

La position des sucreries indigènes étant telle, le dégrévement des sucres coloniaux, qui doit rendre pire encore la position des fabricants, ne saurait être adopté.

D'autres considérations prouvent que cette mesure serait inique, qu'elle serait actuellement inefficace, et que plus tard elle ferait plus qu'on ne veut faire.

Elle serait surtout entachée d'iniquité parce que la législation, sur la foi de laquelle les fabricants indigènes ont travaillé, a fixé pour deux années la relation qui doit exister entre l'industrie métropolitaine et l'industrie coloniale.

Les sucreries indigènes ne doivent donc pas être responsables des crises commerciales qui peuvent arriver, surtout quand elles sont causées par le fait même de leurs rivales.

Celles-ci ont, comme l'industrie française, l'obligation de chercher un remède à leurs maux dans des perfectionnements de leurs procédés.

Elles ne changent rien à leurs méthodes vicieuses et croient avoir le droit d'obtenir toujours un soulagement par un changement de législation.

Le dégrévement serait actuellement inefficace ; il n'arrêterait pas la production indigène puisqu'elle doit s'effectuer, sous peine de ruine totale ; il n'empêcherait pas la vente des produits, puisque nos industriels, en général dépourvus de leurs capitaux qu'ils ont immobilisés dans leurs usines construites à grands frais et incessamment améliorées, doivent vendre à quelque prix que ce puisse être.

Le dégrévement ne fera donc qu'avilir encore les prix déjà si bas.

Plus tard le dégrévement aura des effets qui iront plus loin qu'on ne veut aller.

Lorsqu'il aura anéanti la production indigène, les colonies se trouveront dans l'impossibilité de satisfaire aux besoins de la consommation.

Il y aura disette, et les prix remonteront aux taux où on les a vus lorsque le sucre de betterave ne venait pas combler les déficit.

Ainsi le dégrévement aura anéanti le capital français engagé dans la fabrication du sucre indigène.

Il fera perdre au fisc toutes les sommes qu'il aurait perçues, si le droit n'eût pas été diminué.

Il aura fait perdre au consommateur toute la différence qui existe entre les prix actuels et les prix du temps où la rareté du sucre était grande.

Pour empêcher la rareté de cette denrée, la culture de la betterave ne pourra être reprise, car le capital sera anéanti; le sucre étranger sera repoussé par un intérêt qui a été assez puissant pour détruire une industrie nationale.

On ne pourra satisfaire qu'incomplètement la consommation; on n'y arrivera qu'en exagérant encore une culture déjà placée dans de mauvaises conditions et en ayant recours à la fraude.

Tels sont les faits.

Remèdes rationnels.

Il faut cependant un remède aux maux réels dont se

plaint la sucrerie. Les remèdes à employer doivent être transitoires, ils permettront d'attendre le moment de porter un jugement certain sur la législation.

Ils ne seront rationnels qu'autant qu'ils attaqueront le mal. On a dit que le mal provenait de l'encombrement; et de fait, il y a actuellement surabondance relative.

Trois moyens peuvent la faire cesser; ce sont : l'exportation directe, la réexportation, l'abaissement du rendement des sucres raffinés.

Exportation directe et réexportation.

Les deux premiers ne peuvent nuire ni à nos fabriques, ni à notre navigation; le premier pourrait tout au plus faire quelque tort aux commissionnaires des ports, et ces torts seraient compensés par le développement de la prospérité générale. Mais ces moyens sont repoussés par les négociants des ports, comme tous ceux qui tendent à établir finalement une conciliation entre le sucre colonial et l'indigène, parce que cette conciliation apporterait des entraves à la spéculation.

Ces deux moyens exigeraient peut-être quelques dispositions préparatoires.

Abaissement du rendement.

L'abaissement du rendement agirait plus efficacement et plus immédiatement que l'exportation directe et la réexportation.

Il permettrait aux raffineurs de soutenir la concurrence avec les nations rivales, sur les marchés étrangers.

Il faciliterait ainsi l'évacuation de 20 à 30 millions de kilogrammes de sucre brut.

Mais il est nécessaire que l'abaissement du rendement ne soit applicable qu'aux sucres coloniaux.

Sans cela les anciens abus renaîtraient.

La mesure serait inefficace puisqu'elle ne ferait pas sortir les sucres qui gênent notre marché.

Loin de là, elle ajouterait à l'encombrement, parce

que les excédants obtenus par la faveur de la loi resteraient sur le marché, et que les petites quantités de sucre colonial actuellement vendues à l'étranger, après raffinage, ne pourraient plus être employées à l'exportation.

En restreignant l'abaissement de rendement aux sucres coloniaux, il ne causera aucun dommage : il portera en lui le correctif aux inconvénients qu'il pourrait produire, car il diminuera les quantités qui encombrent le marché, fera hausser ainsi les prix, et annulera conséquemment la possibilité de l'exportation, quand elle ne sera plus utile.

Pour obtenir ce résultat, il faut encore que la betterave ne puisse combler tous les vides causés par l'exportation ; mais ce sera l'affaire des dispositions législatives qui seront à prendre, quand elles seront reconnues nécessaires.

A ces conditions on fera prospérer deux industries qui luttent maintenant péniblement.

Si on ne les accepte pas, si l'on écoute les prétentions exorbitantes des colons, si l'on décrète le dégrèvement en méconnaissant tous les faits constatés et en refusant d'attendre les effets de la législation existante, on ruinera inévitablement les fabricants indigènes.

Liquidation des sucreries indigènes.

Ils demanderont alors qu'on ferme immédiatement leurs usines et qu'on leur accorde une indemnité convenable.

Liquidation des sucreries coloniales.

Pour nous, si, contrairement à notre opinion, on pensait qu'il est impossible de concilier les deux intérêts rivaux, nous croyons qu'il y aurait lieu plutôt d'indemniser les colons, parce que la force de la France est dans l'industrie implantée sur son sol, que les destinées des colonies sont achevées, et que dans un temps prochain on viendra demander pour elles une indemnité en raison de l'émancipation des esclaves.

APPENDICE.

Quelques mots sur la pétition des députés du commerce maritime.

L'intérêt des ports occupe exclusivement les délégués du commerce maritime.

Leur argument est toujours le même : Il faut favoriser notre marine marchande, parce que c'est elle qui fait la prospérité de notre marine militaire.

L'intérêt colonial ne les occupe aucunement. En effet, ils se plaignent que la France ne se soit pas emparée exclusivement du commerce des sucres dans la Méditerranée, dans l'Allemagne méridionale, dans la Suisse, qui devait lui appartenir. Mais le sucre de nos colonies ne suffit pas à la consommation de la France. Il faudrait donc recourir au sucre étranger : tel est précisément l'avis des députés du commerce maritime : aussi se plaignent-ils de la surtaxe qu'on a imposée aux sucres étrangers, *pour protéger la production coloniale;* les voilà donc déclarés contre nos colonies, qui ne peuvent vivre sans la surtaxe.

Cette surtaxe empêche-t-elle le commerce des sucres et l'approvisionnement du midi et du nord de l'Allemagne? En aucune manière, puisque le sucre est remboursé à l'exportation. Ce que veulent les députés des ports, ce n'est donc pas le transport des sucres, c'est le droit de se rendre souverainement maîtres du marché français, de satisfaire à son approvisionnement par les sucres coloniaux et étrangers indifféremment. Ainsi la spéculation et non la navigation est le mobile de leurs démarches.

La sucrerie indigène s'oppose à la réalisation de leurs désirs, c'est particulièrement elle qu'ils attaquent.

Pour arriver à démontrer que la protection accordée au sucre de betteraves est trop forte, ils font toutes les erreurs de calculs qu'on a commises tant de fois, et que nous avons pris soin de rectifier. Ils disent que le sucre de betteraves coûte aux fabricants 80 fr. les 100 kil., et que pour être indemnisés les colons doivent obtenir 140 fr.; conséquemment dans l'état des choses le premier a une faveur immense sur le deuxième; mais ils ne disent pas que dans les 80 francs le fabricant de sucre de betteraves n'a point de bénéfice, ils ne disent pas qu'à ce prix il faut ajouter 11 francs de droit cette année et 16 francs 50 centimes l'an prochain, pour que le fabricant ne soit pas en perte; ils ne disent pas que la qualité que le fabricant pourrait donner alors pour 96 francs 50 centimes, *sans bénéfice*, n'est pas la même que celle du colon; ils ne disent pas qu'à qualité égale le sucre de betteraves vaut de 4 à 10 francs de moins que le sucre de canne à cause du prix très-inférieur des bas produits qui restent aux raffineurs. Ils ont donc tout fait pour faire croire que le fabricant indigène pouvait, par l'infériorité de ses prix de revient, faire une concurrence ruineuse au colon. Ensuite ils ont tout fait pour faire regarder le prix colonial comme devant être considérable pour qu'il n'y ait pas perte : ainsi ils disent que le prix que doit obtenir le colon est 60 fr., quand on sait qu'il ne doit être que de 40, et que ceux qui l'ont mis au plus haut ne l'ont porté qu'à 50; ils ne disent pas d'ailleurs que la perte qu'on peut faire sur les sucres est fréquemment compensée par le gain qu'on fait sur les marchandises portées aux colonies, dont les prix ont été calculés de manière à permettre des pertes sur les *retours*.

Les députés du commerce maritime imputent au sucre de betteraves les pertes que le trésor éprouva, par suite de la loi de 1826, qui, en concédant un rendement fort bas aux sucres raffinés, permît d'énormes réexportations, lorsqu'il est vrai que les quantités exportées n'ont été si considérables que parce que, dans l'intérêt du commerce maritime, on a admis les sucres étrangers à jouir de la faveur accordée aux sucres coloniaux. Si l'avantage de l'exportation eût été tel qu'il y eût eu profit à enlever les sucres coloniaux au marché français, une augmentation de prix considérable aurait été la conséquence de ce fait; alors le sucre de betteraves, en comblant les vides, aurait rendu aux consommateurs le service de les préserver d'une excessive cherté; ce qu'il n'a pas réellement fait d'une manière large, car la production intérieure était alors très-faible.

Les députés des ports supputent ensuite les pertes que la faveur accordée à la production intérieure a dû faire éprouver au trésor quand la loi de 1826 eut été abolie, et alors ils ne comptent pas, bien entendu, tous les avantages de cette production, et ne veulent pas admettre que les quantités produites par la betterave n'eussent pas été remplacées parce que la production coloniale n'aurait pas été plus grande, qu'elle serait parvenue à maintenir la surtaxe sur les sucres étrangers comme dans les années antérieures et que l'excessive cherté du sucre eût arrêté la consommation; par conséquent la perte qu'eût faite le trésor est imaginaire. Non contents de ces omissions et pour que les pertes qu'ils voulaient montrer pussent paraître énormes, ils ont exagéré la production intérieure.

Les députés du commerce maritime annoncent que la

sucrerie indigène est une industrie sans portée ; qu'elle ne pourra se maintenir que dans le Nord en raison de la fertilité du sol et du bas prix du combustible.

La fertilité du Nord n'est due qu'au perfectionnement de l'agriculture, que les autres contrées de la France devront précisément à la culture de la betterave ; si les terres du département du Nord produisent maintenant une plus grande quantité de betteraves, les autres contrées arriveront à une production aussi abondante ; si la récolte est moindre, le rendement des betteraves en sucre sera plus considérable. L'expérience a prouvé ce fait d'une manière irréfragable.

Quant au prix du combustible, il est de 1 fr. 50 cent. l'hectolitre à Valenciennes : on peut obtenir à Pont-d'Ouche, sur le canal de Bourgogne, les charbons d'Epinac à 1 fr. 20 cent., et à la mine à 1 fr. ; sur le canal du Centre, les charbons de Blanzy sont à 80 centimes ; à Saint-Etienne, des charbons d'une qualité supérieure sont au même prix ; dans nos autres bassins houilliers, les exploitations, manquant de débouchés, attendent des consommations locales pour prendre du développement et fourniront leurs produits à très-bas prix. La sucrerie de betteraves, qui consomme déjà près de 5,000,000 d'hectolitres de charbons, serait le plus grand encouragement qu'elles pourraient recevoir.

Tous les calculs que font les députés du commerce maritime sur les avantages du Nord manquent donc de base et ne prouvent nullement qu'il pourra empêcher le reste de la France d'adopter la culture de la betterave ; nous avons dit pourquoi l'industrie sucrière s'était concentrée à son origine dans les départements du Nord.

Les députés des villes maritimes acceptent tous les calculs qu'on a faits avant eux sur le nombre d'hectares que peut fertiliser la culture de la betterave. Nous avons rectifié ces calculs. Pour réduire encore la quantité de terre employée pour satisfaire à la consommation de sucre de la France, ils supposent que la betterave va donner 10 pour 100 de sucre : s'il en était ainsi, l'industrie qu'ils déclarent sans portée aurait bientôt chassé d'Europe le sucre de toutes les provenances, à quelque condition que ce fût.

Ils comparent ensuite la culture de la betterave à celle de la vigne, du lin, etc. Il n'est pas nécessaire de les suivre dans ces calculs ; il nous a suffi de montrer les avantages propres de la culture de la betterave. N'est-ce pas singulier de mettre en comparaison la vigne et la betterave, comme si l'on pouvait cultiver cette dernière dans les localités qui appartiennent à la première, comme si la vigne n'avait pas dépassé déjà les limites des terres qui lui convenaient spécialement, et comme si la consommation de vin des producteurs indigènes n'égalait pas celle des colons.

Les députés du commerce maritime déclarent ensuite que la culture de la betterave est nuisible à l'agriculture parce qu'elle consomme beaucoup d'engrais et qu'elle diminue les céréales ; nous avons répondu à ces faits.

Ils arrivent aux pertes qu'elle fait éprouver à nos manufactures ; nous avons prouvé que celles-ci ont autant et plus d'avantage d'approvisionner les producteurs indigènes que les colons.

Enfin ils annoncent aussi que notre marine militaire va périr si les transports des sucres diminuent. Nous avons pareillement répondu à cet argument qui revient toujours le même. Nous avons montré à quel prix les transports coloniaux exerçaient des marins ; nous avons dit d'ailleurs que nous ne voulions pas diminuer ces transports, puisque dans notre système on recevrait tous les sucres coloniaux.

En raison de ces faits, ils invoquent le dégrévement : le gouvernement se propose de diminuer le droit colonial de 15 fr., ils demandent une diminution de 20 fr.

Ils disent que le dégrévement fera baisser les prix et augmentera la consommation; nous avons vu quelle influence une légère baisse de prix peut avoir sur la consommation; ils disent que le droit élevé est surtout préjudiciable au sucre colonial, parce que tout ce qui arrive par mer est imposé, tandis que d'après les mesures prises par l'administration, une grande quantité de sucre de betteraves échappe au droit ; ils font cette supposition parce qu'ils admettent que le rendement est plus considérable qu'il ne l'est réellement et qu'ils déclarent que le minimum obligatoire ne peut être augmenté par le contrôle de l'administration. Or, on ne peut croire que le fisc ne fera pas rentrer dans la caisse de l'état tout ce que la loi lui permet d'appeler.

Après le dégrévement immédiat, les députés du commerce maritime demandent l'assimilation de droit pour les deux sucres en 1840 :

1.° Parce que les deux produits sont nationaux; nous avons répondu à cela.

2.° Parce que l'industrie indigène ne peut être tuée, attendu que la production coloniale ne peut dépasser 80,000,000 kil. et que l'excédant de la consommation lui appartiendra. Mais un abaissement énorme des prix sera la conséquence de la mesure proposée ; cet abaissement tombera uniquement à la charge des fabricants actuellement engagés dans la sucrerie indigène, dont la ruine sera consommée.

D'ailleurs on dit que les colonies ne pourront produire

plus de 80,000,000 ; mais la suppression du droit ferait planter la canne à sucre dans les terres les moins propres à la culture ; de plus, la différence du droit colonial et du droit sur le sucre étranger serait énorme, de sorte que la fraude, qui se fait aux colonies, obtiendrait une prime immense, et que conséquemment le sucre de betterave ne pourrait se placer. Si l'on diminuait la surtaxe du sucre étranger suffisamment pour empêcher la fraude, cette diminution serait aussi suffisante pour exclure le sucre indigène.

Pour résister à ces faits, les députés du commerce maritime affirment que le sucre de betteraves se produit à plus bas prix que le sucre colonial. Ils font un calcul duquel il résulterait que le sucre indigène ne coûterait que 56 fr. 25 cent. par 100 kil. et le sucre colonial 66 fr. Mais M. Dumas, dont ils invoquent l'autorité, a établi le coût du sucre indigène à 38 fr. les 100 livres ou 76 fr. les 100 k. Pour changer ce chiffre il faut admettre un rendement de 6 pour 100, au lieu de 5 qu'admet le chimiste que nous avons cité ; si on admet une partie des données qu'il a adoptées comment peut-on rejeter celles qui pourraient contrarier : d'ailleurs sur quel fait positif et constaté peut-on admettre un rendement de 6 pour 100 en moyenne ? Que la fabrique de M. Crespel ait obtenu ce résultat, c'est possible, mais le témoignage universel des fabricants a toujours repoussé ce rendement comme leur étant applicable. De plus, il faut noter que le prix de revient des fabriques indigènes s'applique à des qualités plus basses que celle des colons, de sorte que ces derniers mettraient les produits indigènes hors de concurrence ; et lors même que la masse des qualités serait semblable, les produits exotiques auraient plus d'avantages, car, à qualité égale, ils ont plus de valeur, attendu que les bas produits qu'ils donnent après raffinage se vendent beaucoup mieux. Enfin, on compare les prix des sucres coloniaux au Hâvre avec le prix de revient des sucres indigènes dans les fabriques; il faut pourtant que ces derniers soient transportés sur les grands marchés, ce qui occasione encore des frais.

Les députés du commerce maritime déclarent que la fabrication du sucre indigène n'est pas même utile aux cinq départements dans lesquels le plus grand nombre des fabriques se trouvent. Ils citent en preuve que la population, les impôts sur les boissons et les droits d'enregistrement se sont accrus dans ces départements dans une proportion moindre que dans d'autres départements. Sans nous arrêter à discuter leurs calculs, nous pouvons dire que nous avons énoncé les premiers que ce ne sont pas les départements du Nord dans lesquels la culture de la betterave sera le plus profitable, que si cette culture a remplacé celle des graines oléagineuses qui s'en allait, elle n'a pu donner de nouveaux bénéfices, elle n'a pu qu'empêcher des pertes qui auraient eu lieu sans elle; que si elle a donné du travail aux populations qui se livraient à la fraude (la fraude a diminué d'une manière immense), elle n'a fait que substituer un profit loyal à un gain immoral; sans accroissement effectif du bien-être des ouvriers, que dans l'état actuel des choses il y a perte réelle pour les fabricants; qu'il y a donc une multitude de données qui peuvent expliquer les faits qu'on rapporte, et qu'il est singulier que les intérêts maritimes s'alarment de l'extension que doit prendre une industrie qu'ils déclarent eux-mêmes ne pas donner de bénéfices, après avoir dit que les gains qu'elle procure sont énormes.

Les hommes qui parlent au nom des intérêts des ports soutiennent que ce ne sont pas les colons qui ont causé la baisse des prix du sucre, mais la production indigène seule qui a versé sur le marché des quantités considérables. Pour prouver cette assertion ils donnent le tableau des productions coloniales et indigènes pendant les années antérieures, tableau que nous avons fait connaître. Mais les relevés des contributions indirectes tendent à prouver que la production intérieure ne sera que de 40 à 45 millions au lieu de 60 qu'annoncent les députés des ports. D'ailleurs les chiffres qu'on produit ne détruisent nullement ce que nous avons avancé, savoir que les entrepôts ne renferment pas de quantités plus grandes que dans les années antérieures, que la baisse des prix dépend des circonstances accidentelles, comme la cherté des céréales, et surtout de la suspension de toutes transactions produite par les réclamations incessantes des colons, et la hâte que les fabricants indigènes doivent mettre à vendre leurs produits, en raison de ce qu'ils ont immobilisé leurs capitaux dans leurs usines et qu'ils manquent de crédit.

Après avoir annoncé que les colonies ne peuvent résister à la production indigène, pour démontrer que la situation des colonies n'est point précaire, les députés prouvent que la sucrerie des Antilles recèle en elle-même des conditions de prospérité qu'on ne peut anéantir : ils déclarent que le jus de la canne contient 5 à 6 pour 100 de sucre de plus que le jus de betteraves, qu'ils ont dit en fournir 10 pour 100, que tous les procédés perfectionnés adoptés par les fabricants indigènes peuvent être employés pour traiter le jus de la canne, que cette plante donne tout le combustible nécessaire pour l'évaporation ! Mais pourquoi alors le travail colonial reste-t-il stationnaire ? Pourquoi ne s'efforce-t-on pas de le perfectionner, comme nous l'avons demandé ? Alors il n'aurait nul besoin de réclamer des mesures législatives qui doivent entraîner la ruine de sa rivale.

En désespoir de cause, ils disent que lors même que nos colonies sucrières viendraient à périr, il faudrait encore que la France fît des transports de sucre pour entretenir la marine, c'est-à-dire qu'elle ne devrait consommer que du sucre étranger, attendu que sans le chargement du sucre, il n'y aurait plus pour elle de navigation. Nous avons montré ce qu'étaient les bâtiments employés au transport des sucres, relativement à ceux employés par les autres voyages de long-cours, par la pêche, par le grand et le petit cabotage. L'assertion des députés ne prouve rien autre chose, si ce n'est qu'ils font des réclamations, non pour les colonies, mais pour leur commerce et leur spéculation.

Les députés du commerce maritime finissent par demander l'abaissement du rendement; mais ils ne le demandent que pour donner de l'extension à notre navigation; ils ne le croient pas capable de faire cesser l'état de gêne dans lequel se trouve la sucrerie. Ils ne pensent pas qu'il puisse causer l'exportation d'une quantité appréciable de sucre colonial, parce que son prix est plus élevé que celui du sucre étranger. Mais nous avons dit que l'abaissement du rendement était une prime, que cette prime ne causerait au trésor qu'un très-faible préjudice, en comparaison de celui qui serait causé par le dégrèvement; qu'il ne fallait pas compter le droit perdu sur les quantités exportées, car elles seraient restées sans acheteurs; que la légère faveur accordée au sucre colonial suffira cependant pour favoriser l'exportation lorsqu'il y a surabondance, puisqu'en ce cas le prix colonial est fort bas; que la perte du trésor ne pourrait devenir grave qu'autant que les sucres étrangers seraient admis au rendement de faveur, et qu'une pareille mesure contribuerait en outre à augmenter l'encombrement du marché intérieur, puisque les excédants abandonnés en exemption de droits aux raffineurs resteront sur notre marché. Il est donc bien vrai que les députés du commerce maritime, en déclarant que le sucre colonial ne pourra profiter qu'imperceptiblement de l'abaissement du rendement, et en ne demandant pas que la faveur soit refusée aux sucres étrangers, achèvent de prouver qu'ils n'ont d'autre but que de donner de l'extension à leurs opérations commerciales sur les sucres de toutes provenances, aux dépens de tous les autres intérêts.

BIBLIOTHEQUE ROYALE

www.ingramcontent.com/pod-product-compliance
Ingram Content Group UK Ltd.
Pitfield, Milton Keynes, MK11 3LW, UK
UKHW021052200726
13857UKWH00003B/894